B.C.Info

기초부터 함께 하는

라즈베리파이4

한 기 동 저

머리말

현재 우리는 '제4차 산업혁명(the Fourth Industrial Revolution)' 시대에 함께 살고 있다. 제4차 산업혁명의 핵심기술 첫 번째는 각종 사물에 센서와 통신 기능을 내장하여 인터넷에 연결하는 기술을 나타내는 'IoT(Internet of Things)'라고 부르는 사물인터넷 기술이며 두 번째는 빅 데이터(Big Data) 기술, 세 번째는 2018년 초, 암호화폐인 비트코인이 사회적 큰 이슈가 되었다. 그 주인공이 비트코인이며, 암호화폐를 가능하게 해주는 원천적인 기술이 블록체인(Blockchain) 기술이다. 네 번째는 3D 프린팅(3D Printing) 기술, 다섯 번째는 자율 주행 자동차(Self-driving Car 또는 Autonomous Vehicle)를 비롯한 스마트 모빌리티(Smart Mobility) 기술, 여섯 번째는 인터넷을 이용하여 연결된 사물들이 데이터를 주고받아 스스로 분석하고 학습하며, 이 학습으로 습득한 정보를 사용자에게 제공하거나 사용자가 이를 원격으로 조정할 수 있는 인공지능(Artificial Intelligence) 기술이다. 위의 내용만 보더라도 우리는 4차산업혁명 시대에 공존하고 있다.

본 교재는 라즈베리파이를 이용하여 LED 제어, 숫자 표시기 제어, 조이스틱 제어, 센서 제어 등을 할 수 있도록 하였다. 특히 라즈베리파이는 기본 언어가 파이썬으로 되어 있다. 따라서 파이썬을 이용하여 제어할 수 있도록 하였다. 그리고 파이썬은 빅데이터 처리나 인공지능 머신러닝 관련 프로그래밍 분야에도 가장 많이 사용되는 언어이다.

끝으로 본 교재가 전자, 통신, 소프트웨어 분야를 공부하는 분들에게 라즈베리파이의 기초적인 이론과 실습 과정을 쉽게 배우고 이를 활용하는 데 도움이 되고 유용한 도구가 되어 주리라 믿는다.

본 교재가 출간되기까지 많은 도움을 주신 모든 분들 그리고 복두출판사의 대표님 이하 임직원 여러분께 깊은 감사의 뜻을 전한다.

저자 일동 씀

차례

CHAPTER 1 Raspberry Pi 소개 [환경 구축]

CHAPTER 6 GPIO를 이용한 LCD 제어

CHAPTER 7 GPIO를 이용한 JOYSTICK 제어

CHAPTER 8 GPIO를 이용한 Dot. Matrix 제어

CHAPTER

01

Raspberry Pi 소개

[환경 구축]

1 Raspberry Pi 개요

Raspberry Pi란? 2012년 영국 라즈베리파이 재단에서 개발된 소형 저비용의 Single Board Computer(SBC)이다. 이 Computer의 주요 목적은 Computer 과학 교육을 저렴하고 재미있게 만들어 더 많은 사람이 컴퓨팅을 배울 수 있게 하는 것이다.

여기서 Pi는 Python을 의미한다.

1) Raspberry Pi의 특징

① Raspberry Pi는 Debian Linux 기반의 Raspberry Pi OS(라즈비안)를 운영체제로 사용하는 Single Board Computer(SBC)이다.

② Raspberry Pi는 크기가 작고 가격이 저렴하며 Key Board와 Mouse, Monitor를 연결하면 Computer로 사용이 가능한 초소형 Computer이며, Desktop Computer에 비해 성능이 낮은 단점이 있다.

③ Computer의 인터넷 연결, 멀티태스킹 등의 이용이 가능하다.

④ 외부 전자장치와 연결하여 사용하는 GPIO Pin을 가지고 있다.

⑤ Raspberry Pi OS(Operating System)의 종류

- Raspberry Pi OS Lite : 텍스트 환경만 지원한다.
- Raspberry Pi OS Desktop : 그래픽 사용자 인터페이스를 지원한다.
- Raspberry Pi OS Desktop과 추천 소프트웨어

2) Raspberry Pi의 종류

(1) Raspberry Pi 1(Raspberry Pi 1세대)

[Raspberry Pi 1 Model B+]

[특징]

① Soc : Broadcom BCM2835 (CPU, GPU, SDR SDRAM)
② CPU : 700MHz ARM1176JZF-S Single Core
③ GPU : Broadcom Video Core Ⅳ Dual Core
④ SDRAM : 256~512MB
⑤ USB 2.0 Port : 1개
⑥ Video Output : HDMI(rev 1.3, 1.4)
⑦ Audio Output : 3.5mm Jack, HDMI Digital Audio
Audio 회로는 전용 저잡음 전원 공급 장치를 통합했다.
⑧ 외장 기억장치 : SD Card, MMC, Micro SD
⑨ 내장 Network : Model B/B+만 존재(10/100 Mbps Ethernet)
⑩ GPIO 컨넥터 : 26 Pin
⑪ Wi - Fi : 없음.
⑫ 전원 : 5V 1.8A

(2) Raspberry Pi 2(Raspberry Pi 2세대)

[Raspberry Pi 2 Model B]

❶ 전원
❷ HDMI 콘넥터
❸ CSI Camera 포트
❹ 3.5mm 오디오 잭
❺ 이더넷
❻ USB 포트
❼ GPIO 핀
❽ CPU BCM 2857
❾ DSI 콘넥터
❿ 밑면 SD슬롯

[특징]

① Soc : Broadcom BCM2835 (CPU, GPU, SDR SDRAM)
② CPU : 900MHz ARM Cortex - A7 Quad Core
③ GPU : Broadcom Video Core Ⅳ Dual Core
④ SDRAM : 1GB
⑤ USB 2.0 Port : 4개
⑥ Video Output : HDMI(rev 1.3, 1.4)
⑦ Audio Output : 3.5mm Jack, HDMI Digital Audio
⑧ 외장 기억장치 : MicroSD
⑨ GPIO 컨넥터 : 40 Pin
⑩ Wi - Fi : 없음.
⑪ 내장 Network : 10/100 Mbps Ethernet
⑫ 전원 : 5V 1.8A

(3) Raspberry Pi 3(Raspberry Pi 3세대)

[Raspberry Pi 3 Model B]

[특징]

① Soc : Broadcom BCM2837 (CPU, GPU, SDR SDRAM)
② CPU : 1.2㎓ 64bit ARMv7 Quad Core Processor
③ GPU : Broadcom Video Core Ⅳ MP2 400㎒
④ SDRAM : 1GB
⑤ USB 2.0 Port : 4개
⑥ Video Output : HDMI(rev 1.3, 1.4)
⑦ Audio Output : 3.5㎜ Jack, HDMI Digital Audio
4극 스테레오 출력 및 컴포지트 비디오 포트
⑧ 외장 기억장치 : MicroSD
⑨ 내장 Network : 100 Mbps Ethernet
⑩ Camera : Raspberry Pi Camera 연결을 위한 CSI Camera Port
⑪ 40 Pin 확장 GPIO
⑫ 전원 : 5V 2.5A
사용전류(459[㎃], 1.13[A] 키보드, 마우스, 모니터 신호 연결 시)
⑬ Wi - Fi : IEEE 802.11 b/g/n
⑭ Bluetooth : Bluetooth 4.2
⑮ Ethernet : 330Mbps
⑯ 지원 운영체제 : 라즈비안

[Raspberry Pi 3 Model B의 구성]

❶ 전원
❷ HDMI 콘넥터
❸ CSI Camera 포트
❹ 3.5mm 오디오 잭
❺ 이더넷 포트
❻ USB 포트
❼ GPIO 핀
❽ CPU BCM 2837
❾ DSI 콘넥터
❿ 밑면 SD 슬롯

(4) Raspberry Pi 4(Raspberry Pi 4세대)

[Raspberry Pi 4 Model B]

[특징]

① Soc : Broadcom BCM2711

② CPU : 1.8㎓ 64bit ARMv8 Cortex - A72 Quad Core Processor

③ GPU : Broadcom Video Core Ⅵ MP2 500㎒

④ SDRAM : 1GB, 2GB, 4GB 또는 8GB LPDDR4-3200 SDRAM(모델에 따라 다르다.)

⑤ USB Port : 3.0 2개, 2.0 2개

⑥ Video Output : HDMI(rev 1.3, 1.4)

⑦ Audio Output : 3.5㎜ Jack, HDMI Digital Audio
4극 스테레오 출력 및 컴포지트 비디오 포트

⑧ 외장 기억장치 : MicroSD

⑨ 내장 Network : 100 Mbps Ethernet

⑩ Camera : Raspberry Pi Camera 연결을 위한 CSI Camera Port

⑪ GPIO : Raspberry Pi 표준 40 Pin

⑫ 전원 : 5V 3A
사용전류(600[㎃], 1.25[A] 키보드, 마우스, 모니터 신호 연결 시)

⑬ Wi - Fi : IEEE 802.11 b/g/n

⑭ HDMI : Micro 2 (최대 4Kp60 지원)

⑮ Bluetooth : Bluetooth 5.0

⑯ Ethernet : 기가비트 이더넷

⑰ 지원 운영체제 : 라즈비안

⑱ CSI : Camera Serial Interface

⑲ DSI : Display Serial Interface

⑳ MIPI : Mobile Industry Processor Interface

㉑ FFC : Flexble Flat Cable

[Raspberry Pi 4 Model B의 구성]

❶ 전원 : USB - C	❷ HDMI 포트	❸ CSI Camera 포트
❹ Audio 잭 3.5mm	❺ USB 2.0	❻ USB 3.0
❼ 이더넷 포트	❽ GPIO 핀	❾ CPU 메모리
❿ DSI 콘넥터	⓫ 밑면 마이크로 SD 카드 슬롯	

(4) Raspberry Pi 5(Raspberry Pi 5세대)

[Raspberry Pi 5 Model]

[특징]

① Soc : Broadcom BCM2712
② CPU : 2.4GHz 64bit ARMv8 Cortex - A76 Quad Core Processor
③ GPU : Broadcom Video Core VII GPU
④ SDRAM : LPDDR4X-4267 SDRAM
⑤ USB Port : 3.0 2개, 2.0 2개
⑥ Video Output : 2 × 4 레인 MIPI 카메라/디스플레이 트랜시버
⑦ Audio Output : Raspberry Pi standard 40 Pin herder
⑧ 외장 기억장치 : MicroSD
⑨ 내장 Network : 100 Mbps Ethernet
⑩ Camera : Raspberry Pi Camera 연결을 위한 CSI Camera Port
⑪ GPIO : Raspberry Pi 표준 40 Pin
⑫ 전원 : 5V 3A USB - C Type
⑬ Wi - Fi : IEEE 802.11 b/g/n
⑭ HDMI : HDR 지원 가능한 ® Dual 4Kp60 HDMI
⑮ Bluetooth : Bluetooth 5.0/Bluetooth Low Energy(BLE)
⑯ Ethernet : 기가비트 이더넷
⑰ 지원 운영체제 : 라즈비안

[Raspberry Pi 5 Model의 구성]

❶ 전원 : USB - C	❷ RTC 배터리 콘넥터	❷-1 UART 콘넥터
❸ HDMI 포트	❹ 2 × 4 라인 MIPI DSI/CSI 콘넥터	
❺ PoE HAT 콘넥터	❻ 이더넷 포트	❼ USB 포트
❽ 팬 콘넥터	❾ GPIO 핀	❿ Model Indicator
⓫ CPU(BCM 2712)	⓬ SRAM	⓭ PCI Express 인터페이스
⓮ 밑면 마이크로 SD 카드 슬롯		⓯ 전원 스위치

SD Card Format하는 방법

SD Card Format하는 3가지 주요 목적은 다음과 같다.

① SD Card의 파일 시스템 변경하고자 할 때

② 손상된 SD Card 수정하고자 할 때

③ 공간이 부족하여 공간을 확보하기 위하여 데이터를 삭제하고자 할 때

1) Window에서 SD Card를 Format하는 방법

① 바탕화면에서 내 PC를 더블클릭한다.

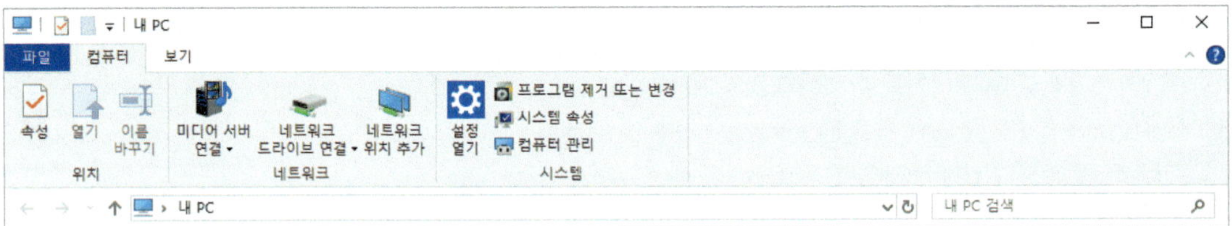

② 컴퓨터 관리를 클릭한다.

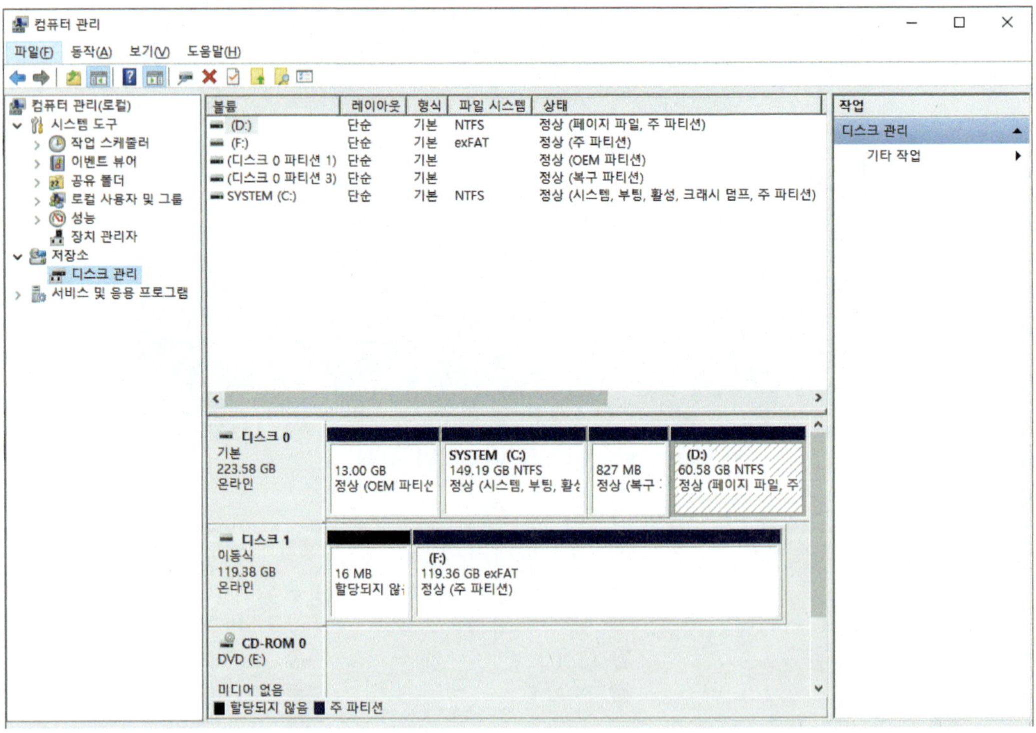

③ 디스크 관리를 클릭한다.

④ 포맷할 SD Card를 선택하고 포맷을 클릭한다.

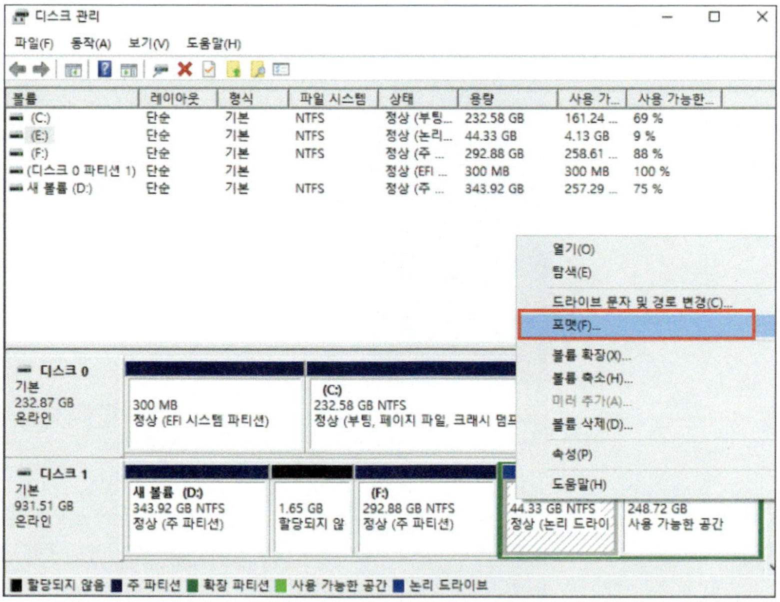

⑤ 빠른 포맷 옵션을 선택한다.

⑥ 정상적으로 선택하였는지 확인하고 확인을 클릭한다.

⑦ 포맷이 완료되면 SD Card를 제거하고 사용하면 된다.

2) SD Card Formatter를 공식 홈페이지를 이용하는 방법

① SD Card 홈페이지 http://www.sdcard.org/downloads/formatter/에 접속한다.

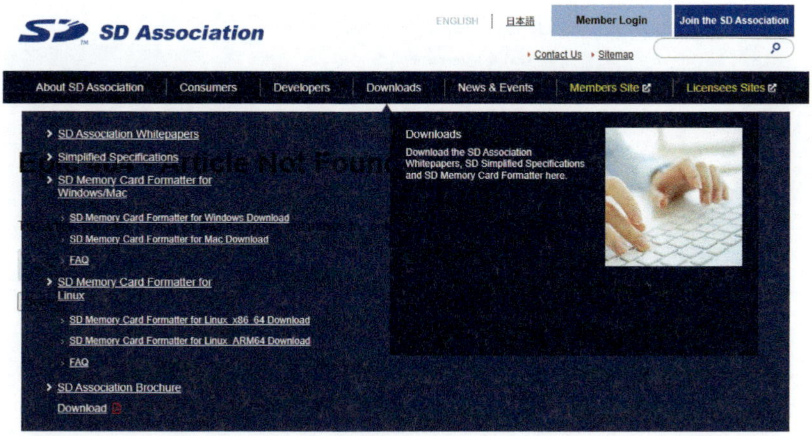

② Downloads에서 SD Memory Card Formatter for Windows Download 클릭한다.

③ 화면 제일 아래에 Accept를 클릭한다. Accept 클릭하면 다음과 같이 다운된다. (SD Card Formatterv5_WinEN.zip)

④ Download 한 압축파일을 더블클릭하여 실행한다.

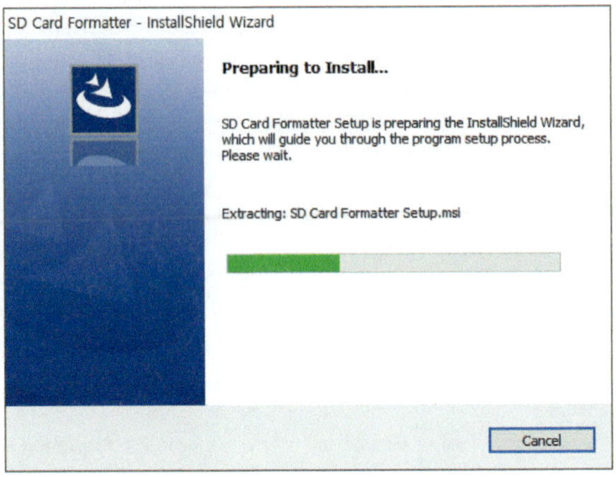

⑤ Next를 클릭한다.

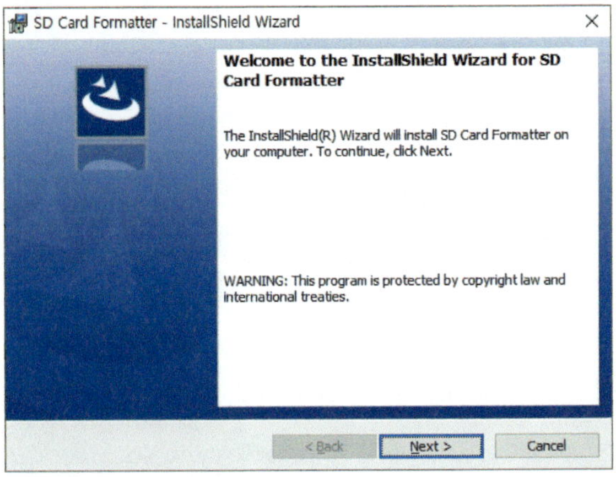

⑥ I accept the terms in the license agreement를 선택하고 Next를 클릭한다.

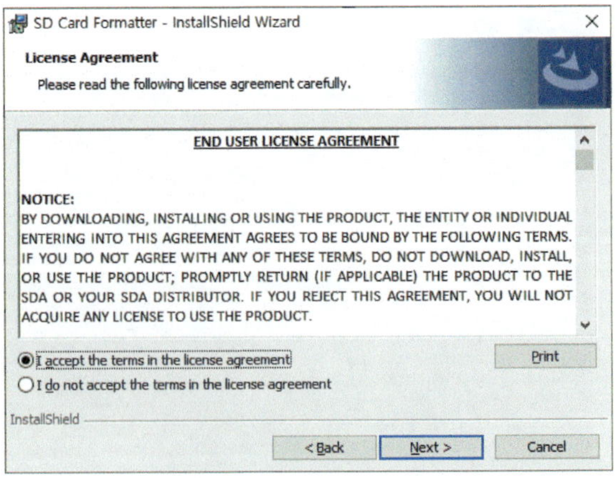

⑦ Next를 클릭한다.

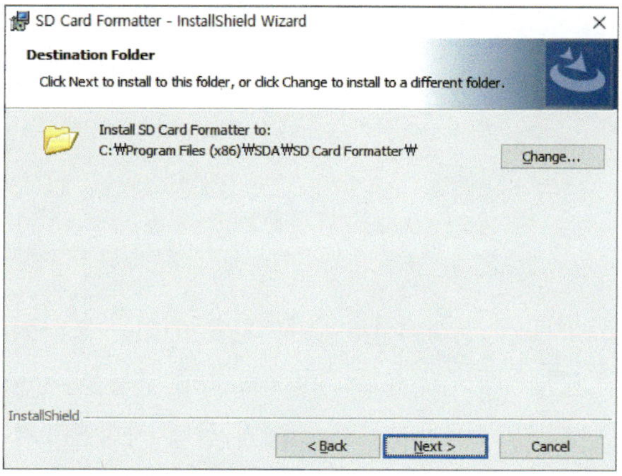

⑧ Install을 클릭한다.

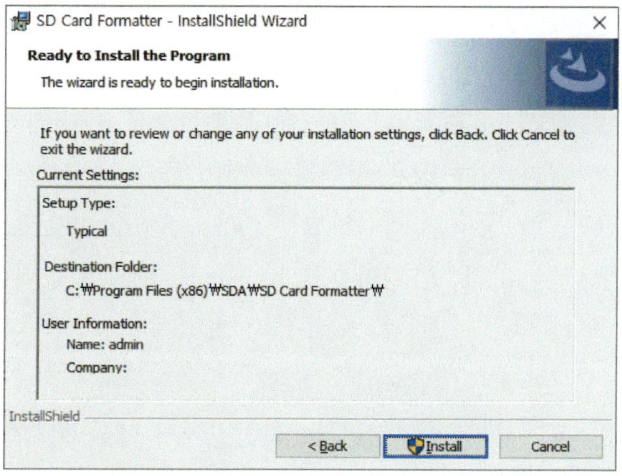

⑨ Finish를 클릭한다.

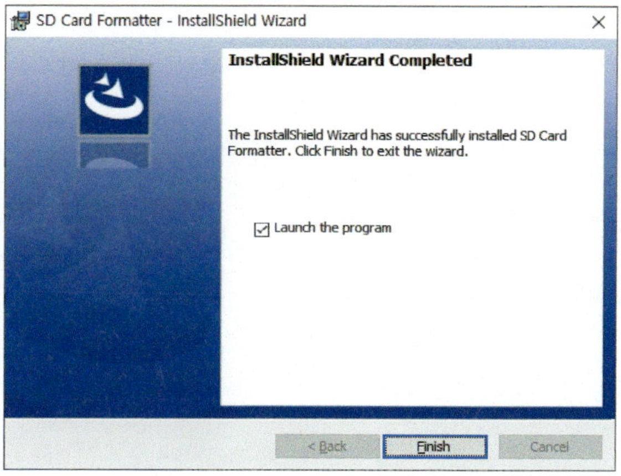

⑩ SD Card Formatter 설치가 완료되었다.

⑪ 포맷할 SD Card를 삽입하고, 바탕화면에서 SD Card Formatter를 더블 클릭한다.

⑫ [Select card]에서 SD 카드가 들어있는 드라이브를 선택하고, [Card information] 부분을 확인한다. [Formatting options]의 선택 사항은 2가지 중 첫 번째, Quick format은 파일 할당 테이블만을 지우고, Overwrite format은 전체를 지우는 것으로 Quick format에 비해 속도가 느리지만 오래 사용하거나 카드에 부분적으로 물리적 오류가 있는 경우 선택하는 것이 좋다. 이러한 특별한 경우를 제외하고는 Quick format만으로도 충분하다. 마지막으로 [Format] 버튼을 클릭한다.

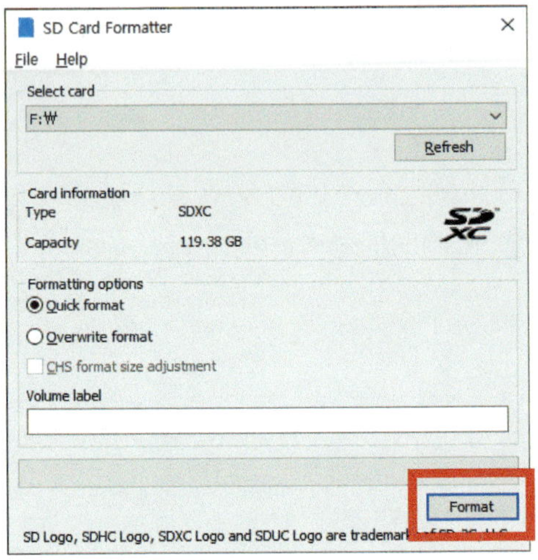

⑬ 포맷 실행 여부를 묻는 확인창에서 예를 클릭한다.

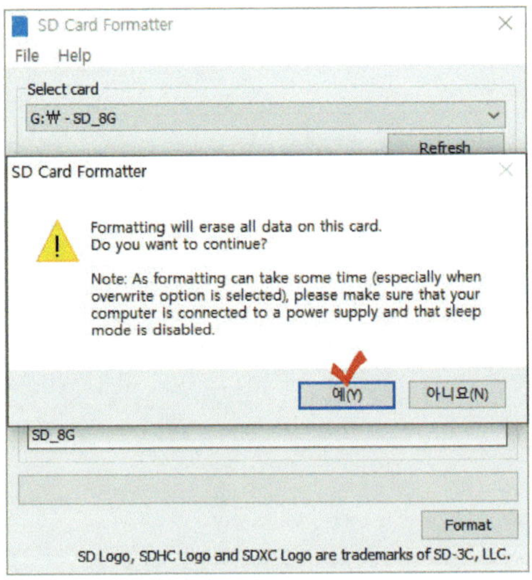

⑭ 메모리카드 용량에 따라 10~30분 정도 소요될 수 있다.

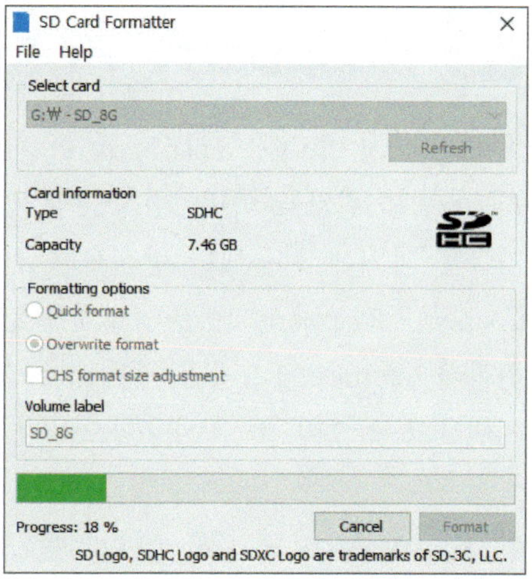

⑮ 포맷이 완료된 후에는 프로그램을 종료한다.

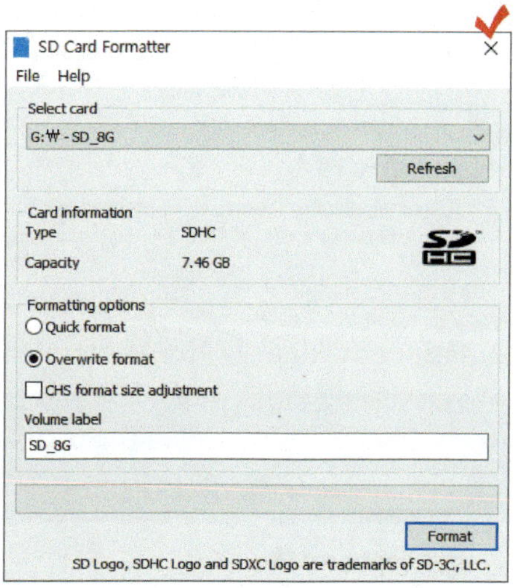

⑯ 확인을 클릭한다.

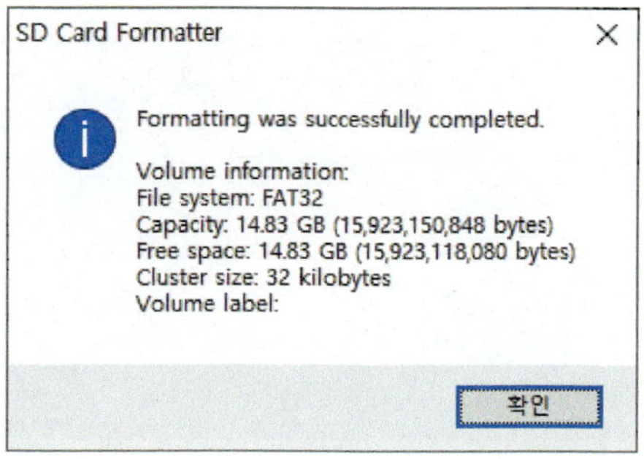

⑰ 안정적으로 메모리카드를 PC로부터 분리하기 위해 윈도우 화면 우측 하단에 메모리 아이콘을 클릭한다.

⑱ 드라이브 꺼내기를 선택한다.

3 Raspberry Pi 운영체제 설치

Raspberry Pi OS는 Raspberry Pi 재단에서 개발한 Raspberry Pi 전용으로 사용되는 데비안 리눅스를 기반으로 하며, 2019년까지는 Raspberry Pi에 사용되는 OS를 라즈비안이라 하였다. 지금은 과거에 사용했던 방식보다 간편한 Raspberry Pi Imager을 사용한다. Raspberry Pi Imager는 Raspberry Pi 운영체제를 SD Card에 쉽게 설치하도록 도와주는 도구이며, 사용자 친화적 Interface에 도움을 주며, Raspberry Pi 운영체제 외에도 여러 가지 운영체제의 설치를 지원하고 있으며 툴을 사용함으로써 Raspberry Pi 운영체제를 쉽게 바꿀 수 있다.

1) Raspberry Pi OS 설치하는 방법

① 구글에서 "Raspberry Pi Site"를 검색한 후 Raspberry Pi 공식 Home Page에 접속한다.

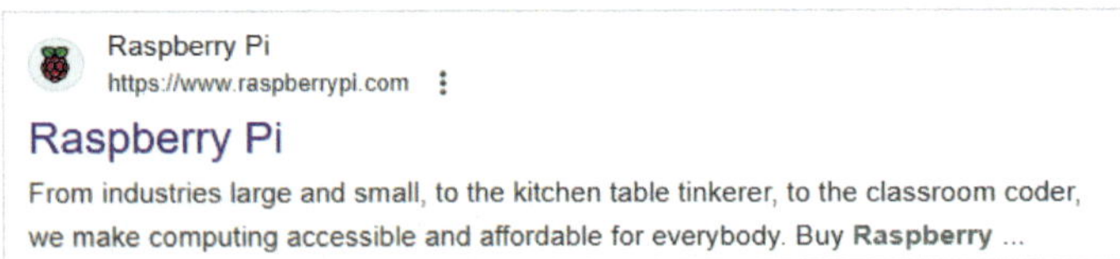

② Raspberry Pi를 클릭하여 Home Page에 접속한다.

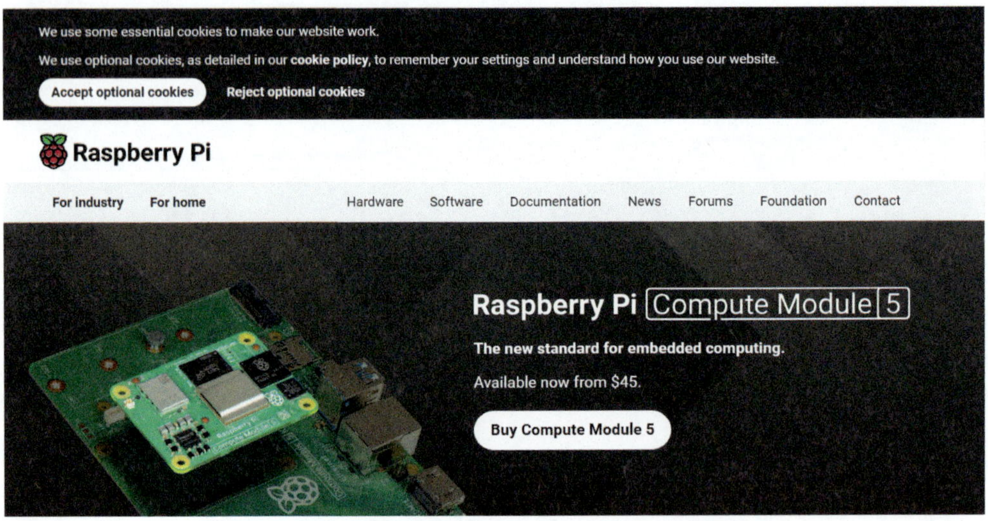

③ Home Page에서 Software를 클릭한다.

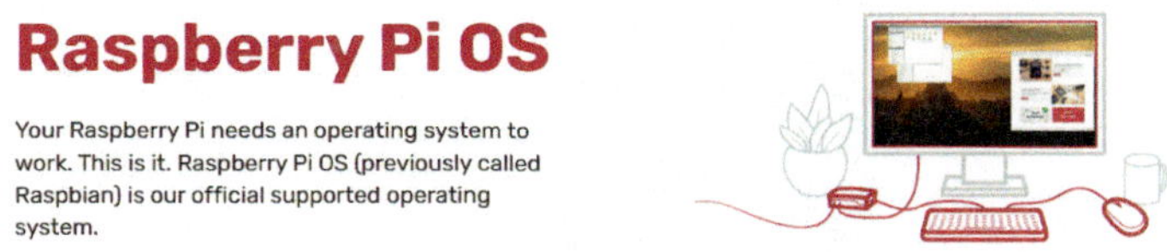

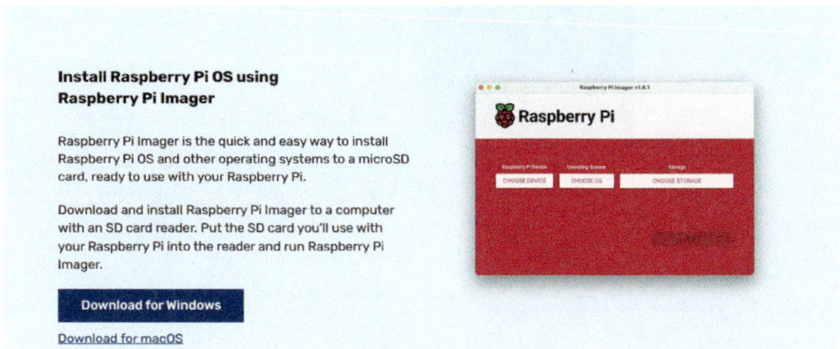

④ Install Raspberry Pi OS using Raspberry Pi Imager에서 Download for Windows를 클릭하여 프로그램을 Download한다.

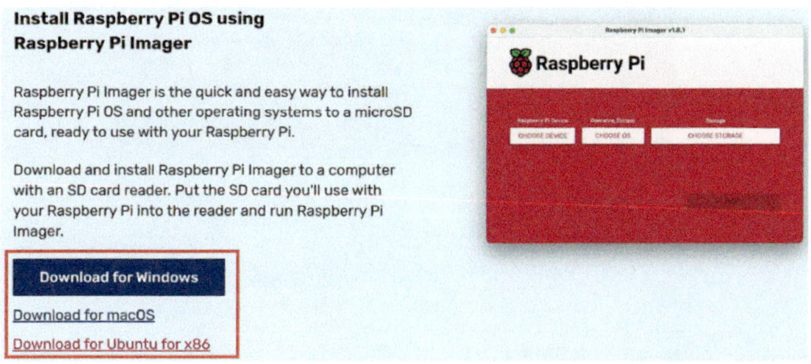

⑤ 여기서 imager을 Down 받는다.

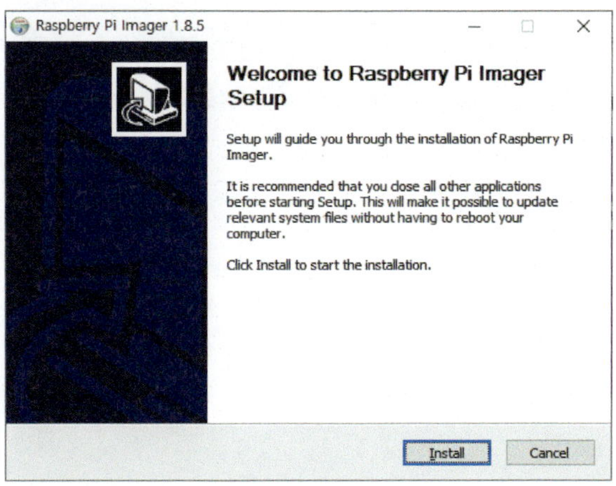

⑥ imager Down 한 것을 실행한다.

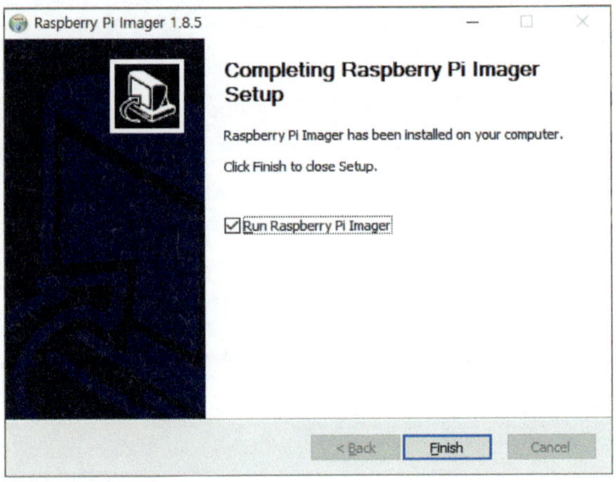

⑦ Install을 한 후 다음과 같은 창이 열린다.

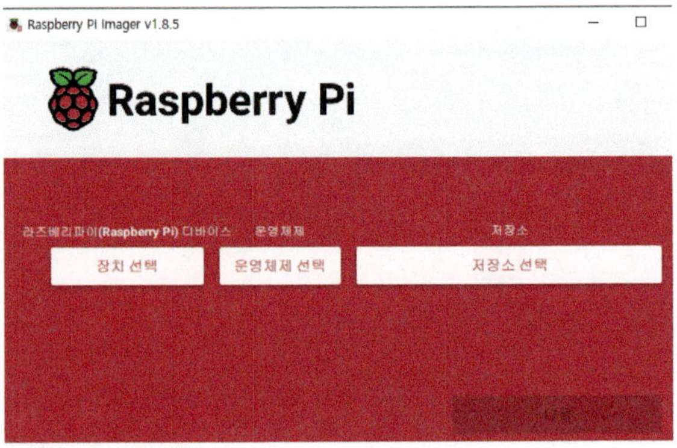

⑧ 장치 선택을 클릭한 다음 Raspberry Pi를 선택한다.
즉 Raspberry Pi Device 창에서 사용하는 Raspberry Pi를 선택한다.
(여기서 Raspberry Pi 4, Raspberry Pi 5 등 사용하고자 하는 프로그램을 선택할 수 있다. 이 교재에서는 Raspberry Pi 4를 선택하여 사용한다.)

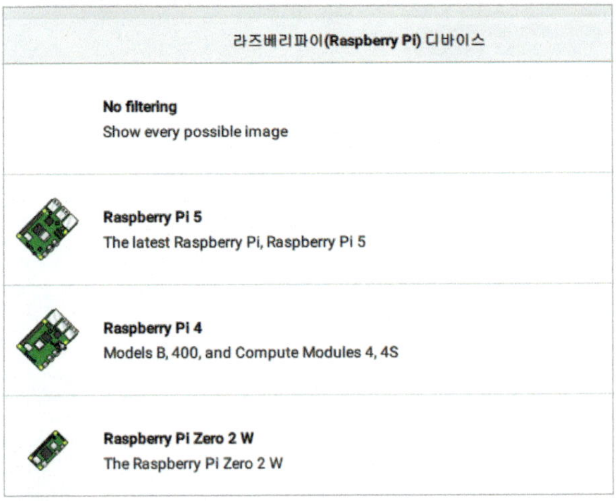

⑨ 운영체제에서 SD Card를 포맷하는 방법을 알아본다.
우선 운영체제에서 운영체제 선택을 클릭한다.
운영체제 선택은 설치 대상 메모리를 선택하는 것이다. 즉 여기에 나타나는 메모리 중에서 라즈비안을 설치할 메모리를 선택할 수 있다. 특히 SD Card Formatter를 이용하여 포맷을 하지 않았다면 다음과 같은 방법으로 SD Card를 포맷할 수 있다.

- SD Card를 포맷하는 방법

운영체제에서 Erase를 이용하여 다음과 같이 포맷한다. Erase를 클릭한다.

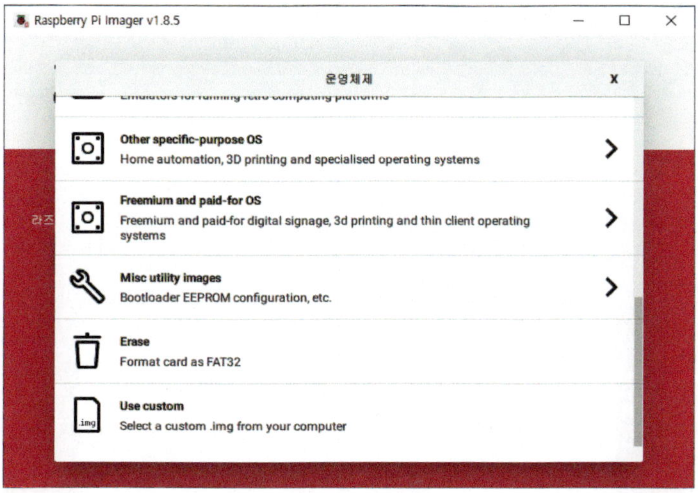

Erase를 클릭한 다음 저장소를 선택한다. 저장소에서 메모리를 클릭한다.

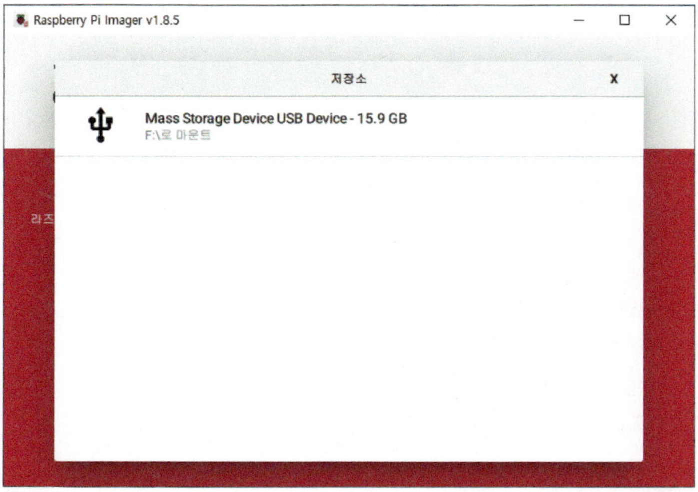

다음을 클릭한다.

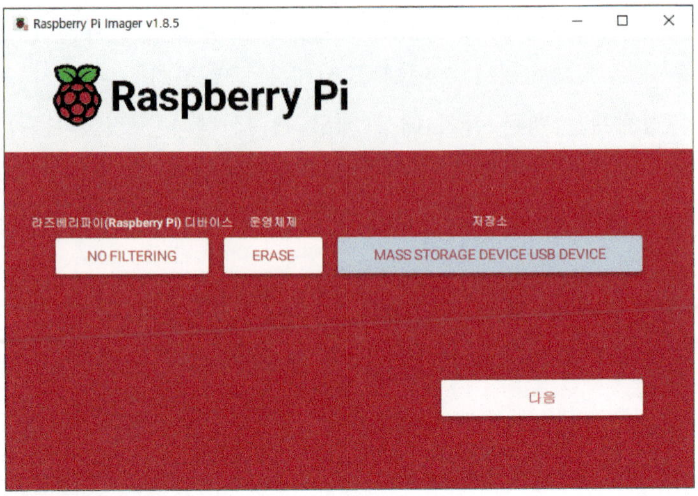

예를 클릭한다.

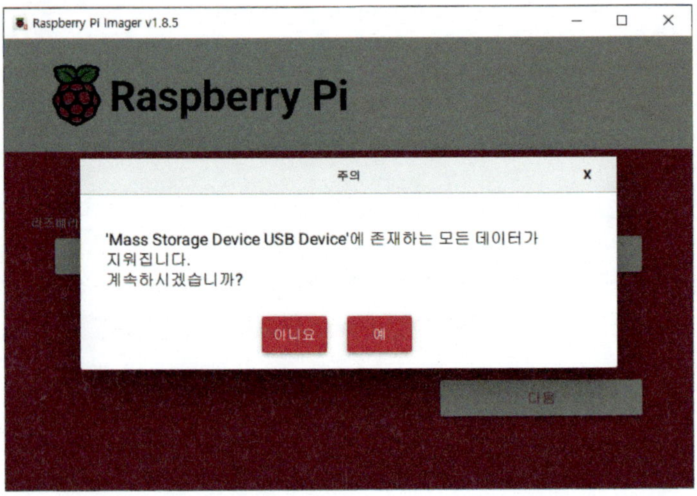

쓰기 완료 후 SD Card를 제거할 수 있다.

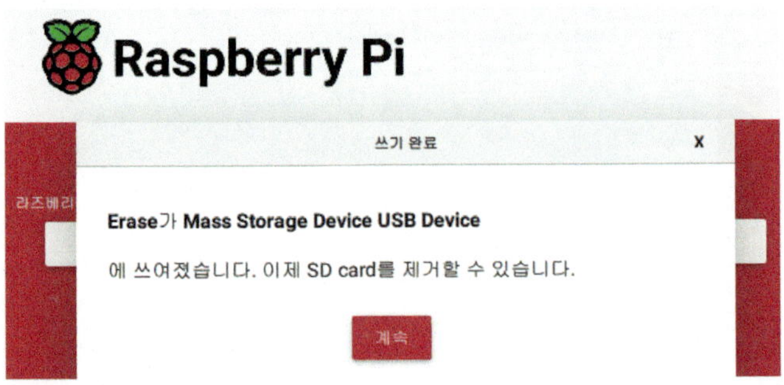

저장 장치를 선택하고 쓰기(굽기)를 시작한다.

⑩ 장치 선택에서 Raspberry Pi 4를 선택하면 다음과 같이 변한다.

⑪ 운영체제 Raspberry Pi OS (64-bit)를 선택하여 클릭한다.

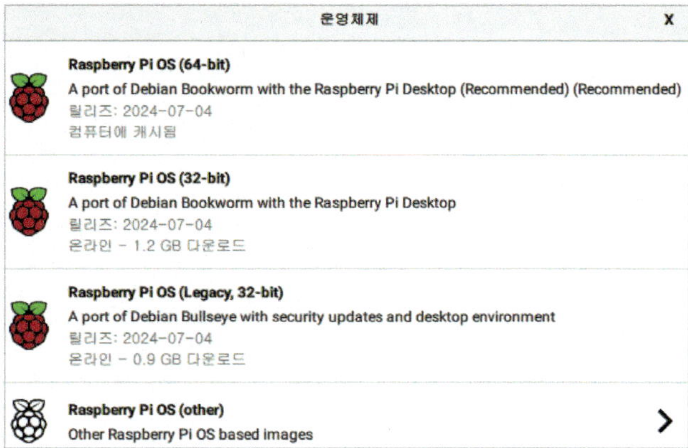

운영체제의 종류

- Raspberry Pi OS (64–bit)

A port of Debian Bookworm with the Raspberry Pi Desktop (Recommended) 여기서 Recommended는 추천한다는 뜻이다.

- Raspberry Pi OS (32–bit)

A port of Debian Bookworm with the Raspberry Pi Desktop (Raspberry Pi Desktop을 탑재한 Debian Bookworm 포트)

- Raspberry Pi OS (Legacy, 32–bit)

A port of Debian Bullseye with security updates and Desktop environment (보안 업데이트와 데스크톱 환경이 포함된 Debian Bullseye 포트)

- Raspberry Pi OS (other)

Other Raspberry Pi OS based Images
(기타 Other Raspberry Pi OS 기반 이미지)

- Other general–purpose OS (기타 범용 OS)

Other general-purpose operating systems
(기타 일반 용도 운영체제)

- Media player OS (미디어 플레이어 OS)

Media player operating systems
(미디어 플레이어 운영체제)

- Emulation and game OS (에뮬레이션 및 게임 OS)

Emulation for running retro-computing platforms
(레트로 컴퓨팅 플렛폼을 실행하기 위한 에뮬레이션)

- Other specific-purpose OS (기타 특정 목적 OS)

Home automation, 3D printing and speciallsed operating systems
(홈 오토메이션, 3D 프린팅 및 특수 운영체제)

- Freemium and paid-for OS (프리미엄 및 유로 OS)

Freemium and paid-for digital signage, 3d printing and thin client operating systems
(프리미엄 및 유로 디지털 사이니지, 3D 프린팅 및 씬 클라이언트 운영체제)

- Misc utility images (기타 유틸리티 이미지)

Bootloader EEPROM configuration, etc.
(부트로더 EEPROM 구성 등)

- Erase (지우다.)

Format card as FAT32
(카드를 FAT32로 포맷한다.)

- Use custom (사용자 정의로 사용)

Select a custom .img from your computer
(컴퓨터에서 사용자 정의 .img를 선택한다.)

⑫ 운영체제에서 Raspberry Pi OS(64-bit) 클릭한다.

(운영체제에서 Raspberry Pi OS(64-bit)를 클릭하면 운영체제가 Raspberry Pi OS(64-bit)로 바뀐다.)

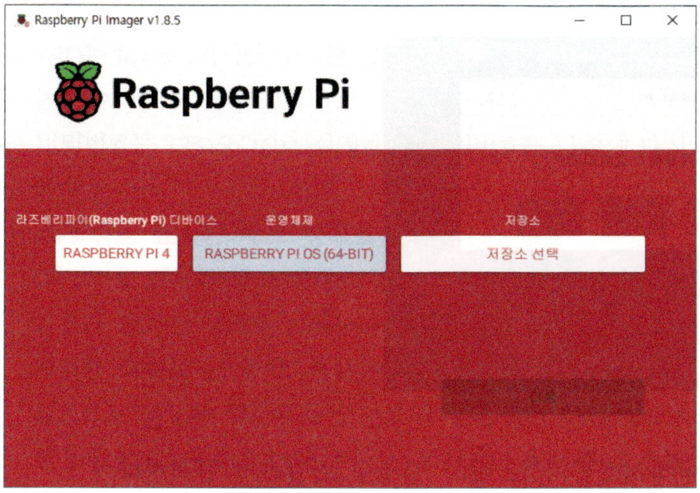

⑬ 저장소에서 저장소 선택을 클릭한다. (저장소에 있는 메모리를 확인하고 맞으면 클릭한다.)

⑭ 저장소에서 USB를 클릭하면 다음과 같이 변한다.

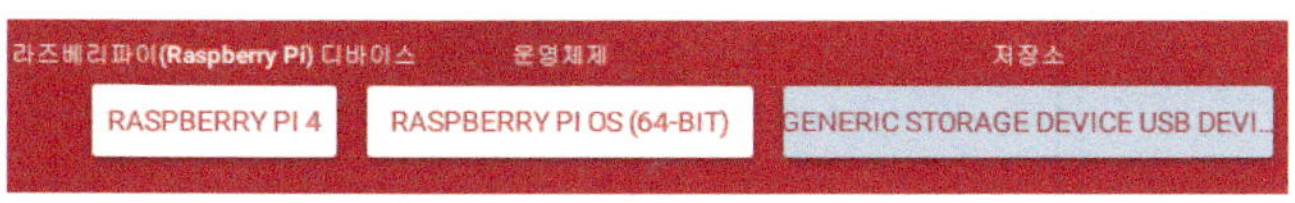

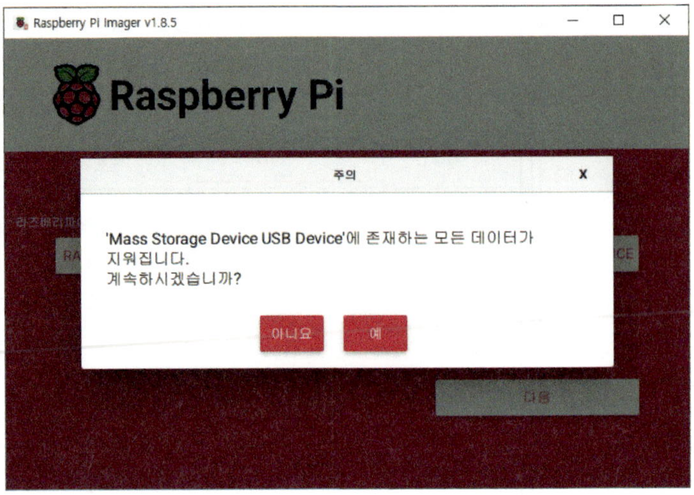

⑱ 예를 클릭하면 다음과 같이 진행된다.

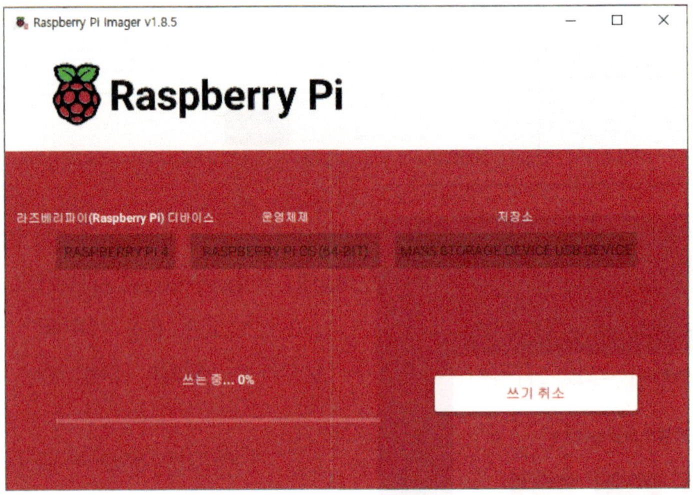

⑲ 프로그램 다운하는 도중에 드라이브의 디스크를 사용하기 전체 포맷해야 합니다. 라는 창이 나타난다. 이 창이 나타나더라도 무시하고 계속 다운로드를 진행하면 된다. 계속해서 이 창이 나타나는 이유는 라즈비안의 OS는 리눅스를 기반이기 때문이다.

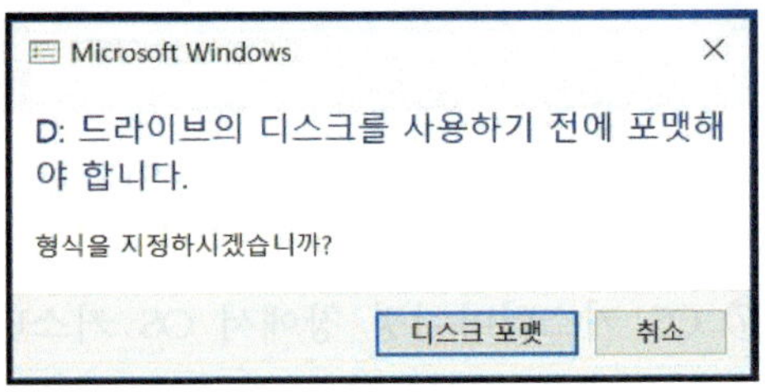

따라서 창의 내용은 그대로 둔 상태에서 다운로드를 계속하면 된다.

만약 디스크 포맷을 눌렀다면 라즈베리 파이 OS 설치 과정을 처음부터 다시 시작해야 한다. 여기서 라즈비안 OS 설치하는 시간은 다소 걸린다.

설치가 완료되면 CONTINUE를 누르면 된다. 라즈베리 파이가 설치 완료가 되면 취소를 누르고 메모리를 제거하면 됩니다. 라는 창이 나타나면 이때 메모리를 제거한다.

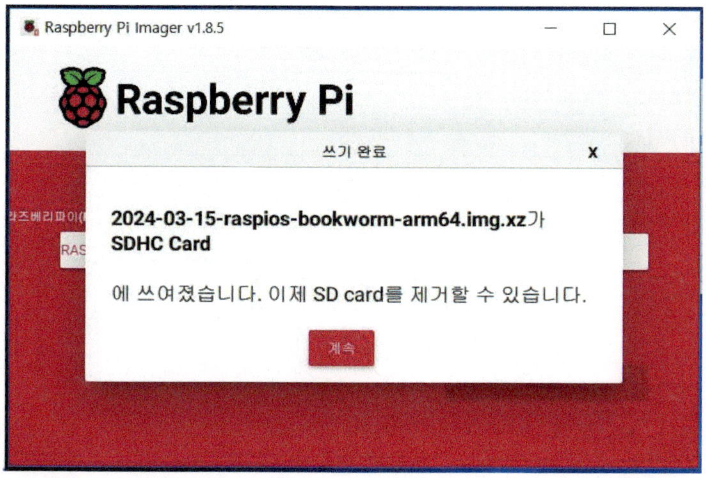

4 PuTTy 설치

PuTTy란? Windows 운영체제에서 사용되는 무료로 제공되는 무료 open source Terminal Emulator이다. SSH, Telnet, Rlogin 및 시리얼 연결 프로토콜을 지원한다. PuTTY는 암호화 기능을 비롯하여 수 많은 기능이 포함되어 있으므로 Windows에서 Linux 환경으로 접속하는 경우에 필요한 프로그램이며, PuTTY는 한번 설정한 사용자 환경은 저장이 되어 있다. 그러므로 재실행 시 이전 환경에서 실행한 글자 크기, 글자 색깔은 그대로 유지가 가능하다.

또한 PuTTY는 서버에 접속하여 명령어를 전송하는 원격 서버 접속 프로그램이다.

PuTTY라는 이름에는 특별한 뜻이 없으나 tty는 유닉스 전통의 Terminal의 이름을 가리키며 teletype를 짧게 줄인 것이다. PuTTy는 cmd, exe와 같은 Windows 기본 Terminal과는 다르다. 또한 PuTTY는 본래 Microsoft Windows용으로 작성되었다. PuTTY는 사이먼 테이썸이 관리하고 있으며 현재는 Beta Software이다.

cmd는 Windows 운영체제에서 기본으로 제공되는 명령 Prompt Terminal Application이며, Local System에서 실행하고 배치 file을 실행할 수가 있다.

[특징]

개발자	Simon Taysom
발표일	1999년 1월 8일
안정화 Version	0.82, 2024년 11월 27일
저장소	https://git.tartarus/?p=simon/putty.git
Programming 언어	C
운영체제	Cross Platform
종류	Terminal Emulator
License	MIT License
Website	https://www.chiark.greenend.org.uk/~sgtatham/putty/

① 구글에서 PuTTY를 검색한다.

② 검색한 PuTTy에서 Download PuTTy를 클릭한다.

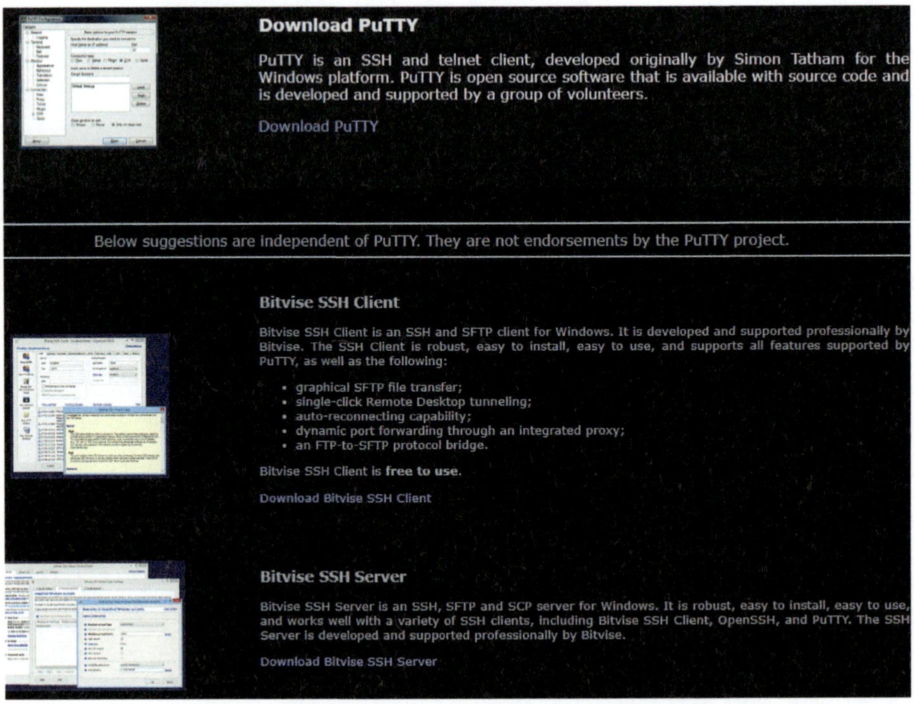

③ Download 한 PuTTy에서 Download PuTTy 클릭한다.

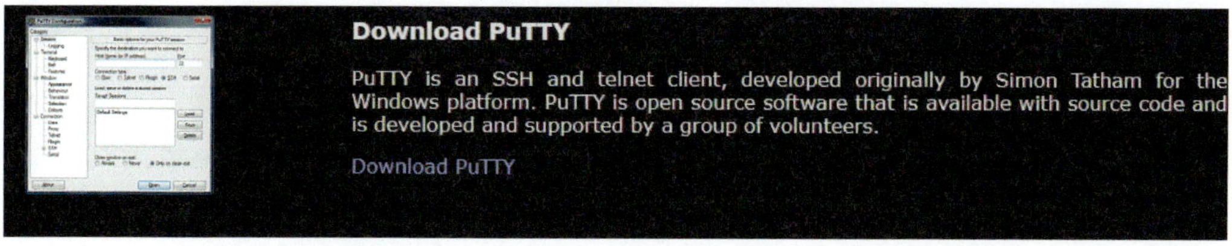

④ Package files에서 MSI('Windows Installer)에서 64-bit × 86를 클릭한다.

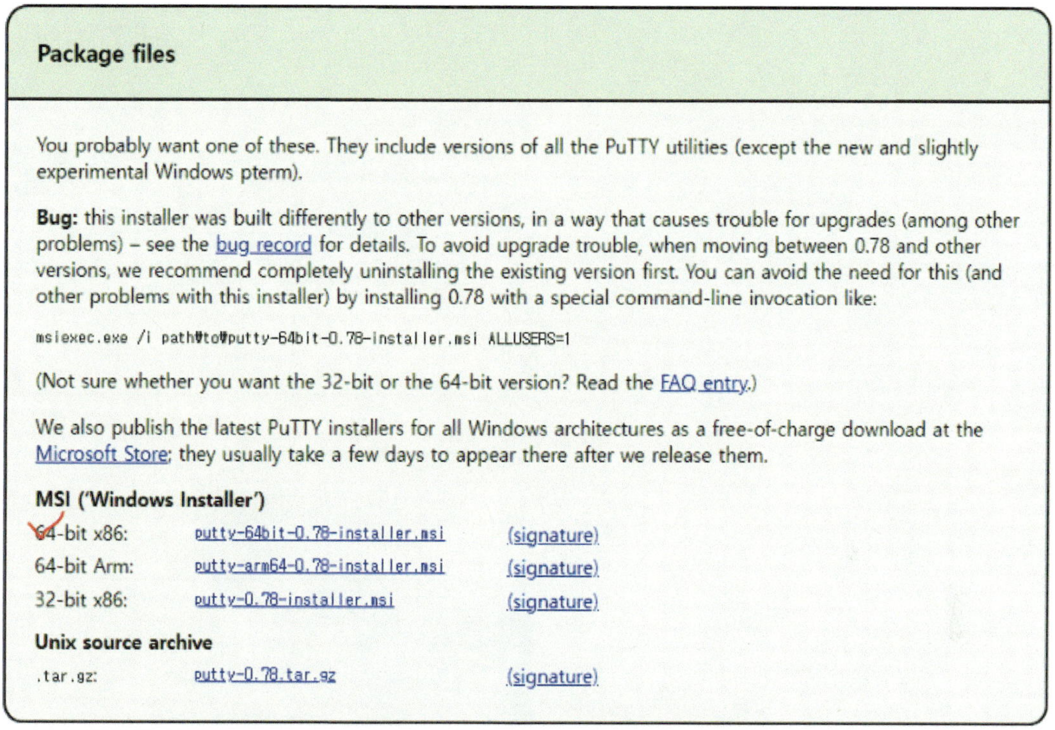

Package files

You probably want one of these. They include versions of all the PuTTY utilities (except the new and slightly experimental Windows pterm).

Bug: this installer was built differently to other versions, in a way that causes trouble for upgrades (among other problems) – see the bug record for details. To avoid upgrade trouble, when moving between 0.78 and other versions, we recommend completely uninstalling the existing version first. You can avoid the need for this (and other problems with this installer) by installing 0.78 with a special command-line invocation like:

```
msiexec.exe /i path₩to₩putty-64bit-0.78-installer.msi ALLUSERS=1
```

(Not sure whether you want the 32-bit or the 64-bit version? Read the FAQ entry.)

We also publish the latest PuTTY installers for all Windows architectures as a free-of-charge download at the Microsoft Store; they usually take a few days to appear there after we release them.

MSI ('Windows Installer')

64-bit x86:	putty-64bit-0.78-installer.msi	(signature)
64-bit Arm:	putty-arm64-0.78-installer.msi	(signature)
32-bit x86:	putty-0.78-installer.msi	(signature)

Unix source archive

.tar.gz:	putty-0.78.tar.gz	(signature)

⑤ 64-bit × 86을 클릭하여 Download 한다.

- Next를 클릭한다.

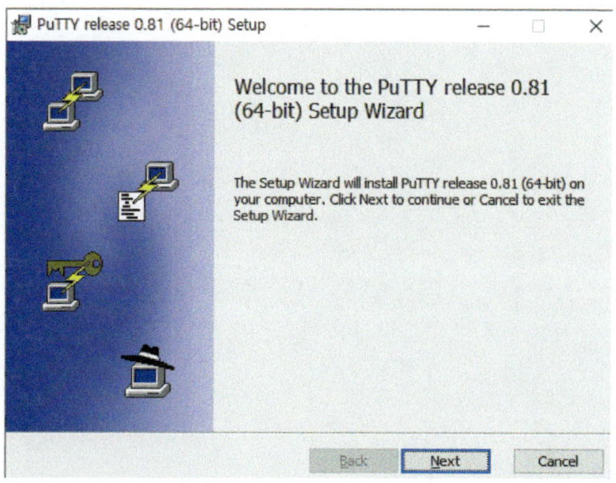

- Next를 클릭한다.

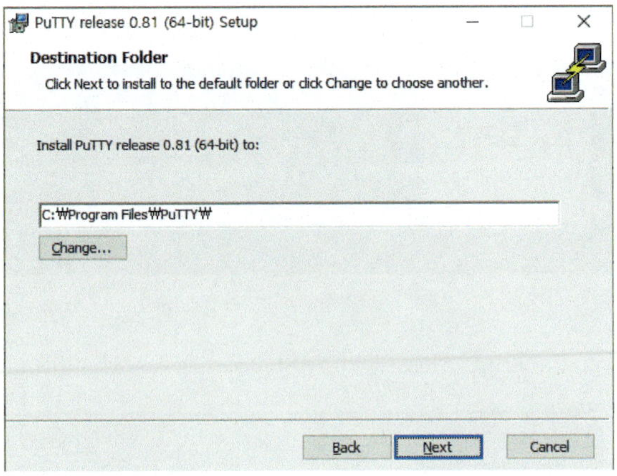

- Install을 클릭한다.

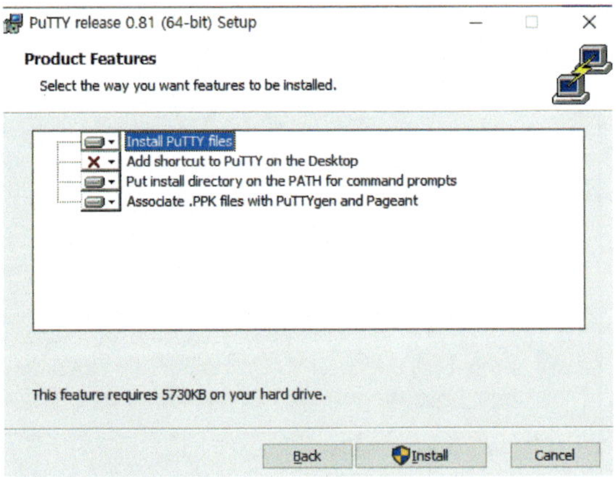

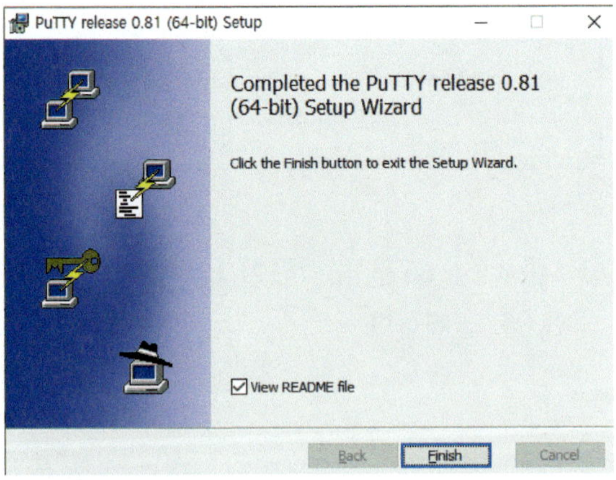

- Download를 완료하면 다음과 같은 메모장이 나타난다.

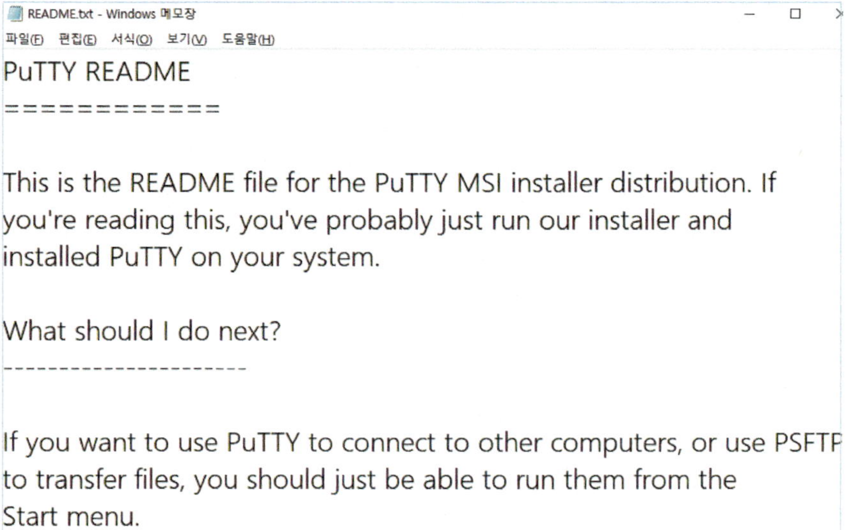
README.txt - Windows 메모장

파일(F) 편집(E) 서식(O) 보기(V) 도움말(H)

PuTTY README
============

This is the README file for the PuTTY MSI installer distribution. If you're reading this, you've probably just run our installer and installed PuTTY on your system.

What should I do next?

If you want to use PuTTY to connect to other computers, or use PSFTP to transfer files, you should just be able to run them from the Start menu.

⑥ PuTTY 아이콘이 바탕화면에 없는 경우 검색 창에서 PuTTY를 검색한다.

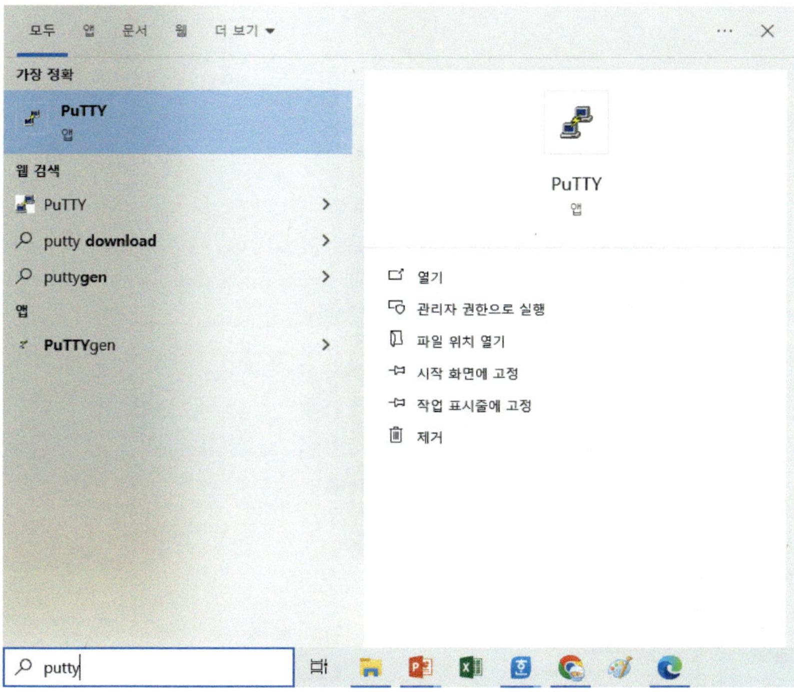

⑦ PuTTY 앱 열기를 클릭한다.
(열기 클릭하면 다음과 같은 PuTTY Configuration이 나타난다.)

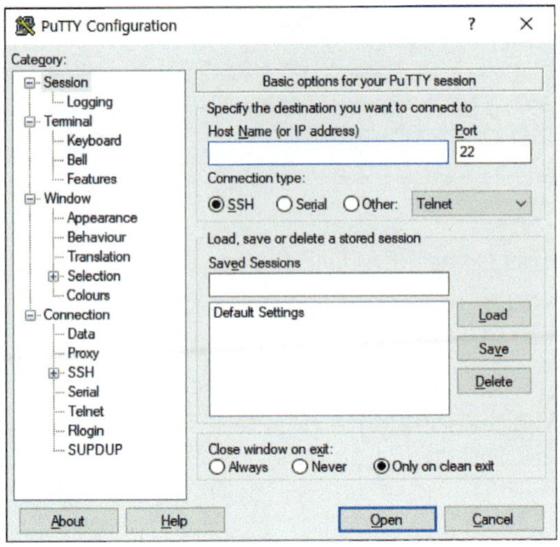

⑧ PuTTY 프로그램을 연 다음 세션 정보를 입력한다.

(1) Host Name(or IP address)

Host Name(or IP address)는 원격으로 접속하여 사용할 수 있도록 서버의 도메인 이름이나 IP 주소를 입력하는 곳이다.

(2) Post

Post는 Connection Type에서 선택한 프로토콜의 Port 번호를 기입하는 곳이며, SSH가 가장 안전하고 22번의 Port 번호를 사용한다.

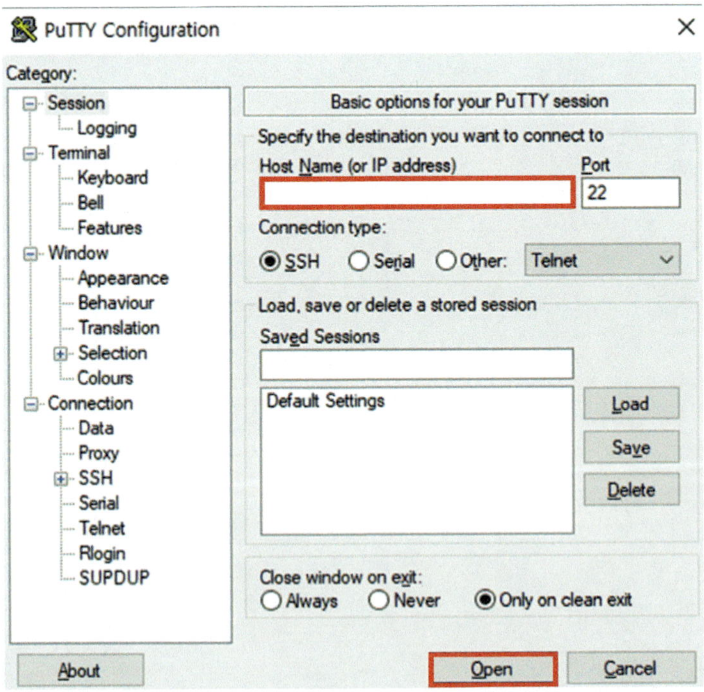

⑨ Open을 클릭한다.

- Load, save or delete a stored session에서 Saved Sessions에는 본인이 접속하고 사용할 수 있는 IP를 저장과 불러오기를 할 수 있는 곳이다.

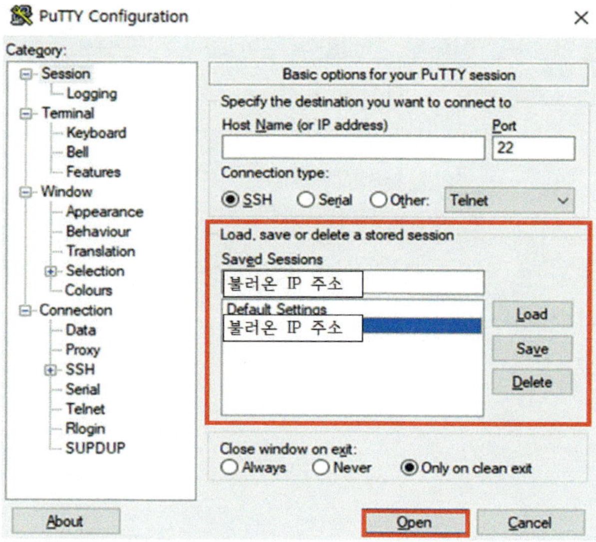

– Category에서 Session의 Logging

Session 중에 기록할 정보 유형을 선택하는 곳이다.

Printable output는 원격 접속 화면에 출력되는 그대로 로그가 저장된다. All session output은 모든 키보드의 동작을 로그로 저장하며, Printable output과 다르게 작성을 한 후 지운 과정도 기록한다.

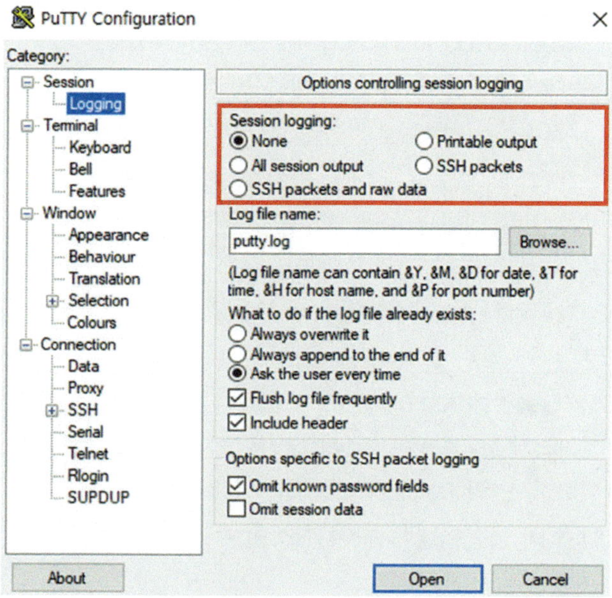

– Log file name에서 로그가 저장될 경로와 파일 이름을 선택하는 곳이다.

1. &Y는 연도를 지정한다.
2. &M은 월을 지정한다.
3. &D는 일을 지정한다.
4. &T는 시간을 지정한다.
5. &H는 호스트 또는 IP 주소를 지정한다.

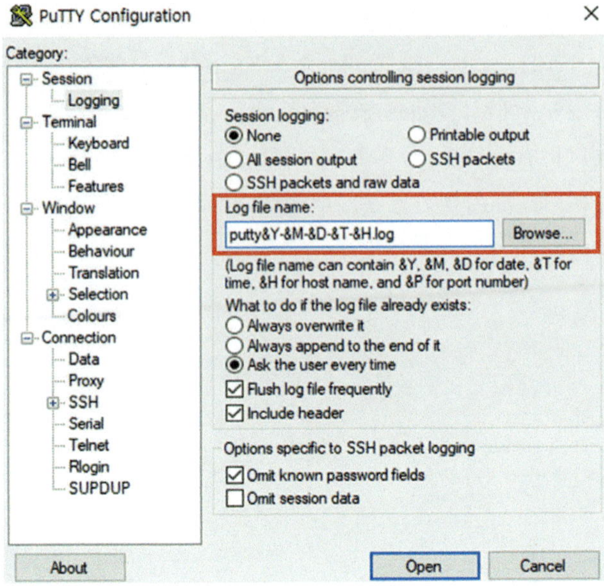

– What to do if the log file already exists

: 로그 파일이 이미 존재하는 경우 어떻게 하는지를 선택하는 기능이다.

1. Always overwrite it – 항상 덮어쓴다.
2. Always append to the end of it – 파일 이름 맨 오른쪽에 번호를 추가하여 파일 이름을 다르게 한다.
3. Ask the user every time – 항상 물어본다.
4. Flush log file frequently – PuTTy는 데이터가 표시되면 바로 데이터를 플러시한다. 만약 PuTTy가 느리게 실행이 되면 이 옵션을 선택하여 취소할 수가 있다.
5. Include header – 로그 위에 헤더를 부착한다.

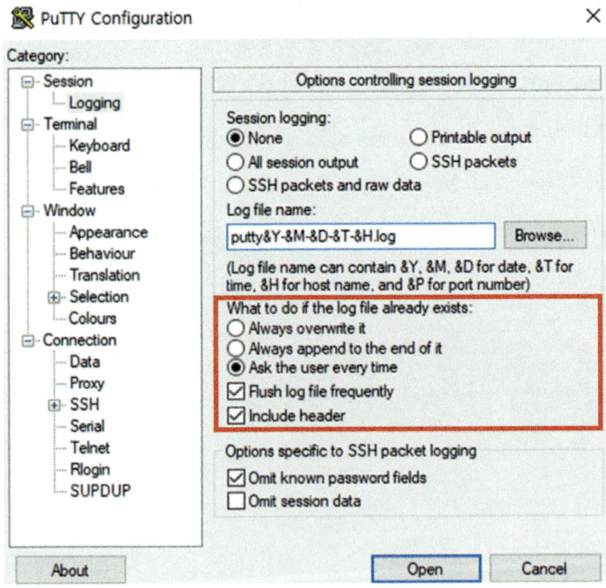

– Options specific to SSH packet logging

1. Omit known password fields

Omit known password fields을 선택하면 알려진 암호 필드의 내용이 기록되거나 저장되지 않는다. SSH packet logging에서만 적용이 된다.

2. Omit session data

session data가 기록되거나 저장이 되지 않는다.

SSH packet logging에서만 적용이 된다.

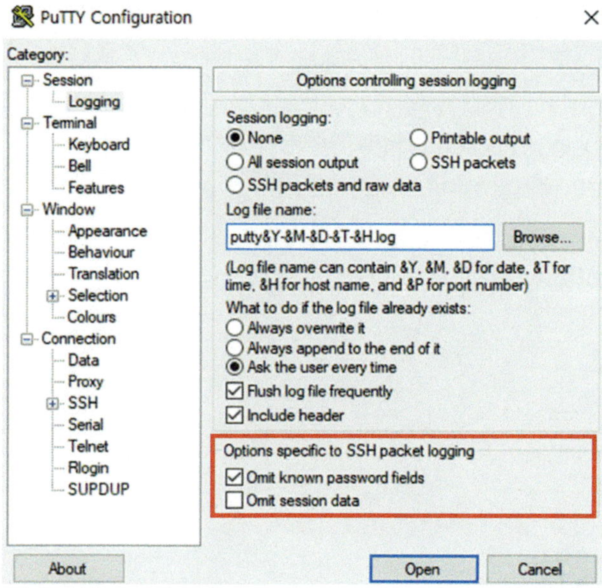

– 글자 크기를 설정하는 방법

1. Category에서 Window의 Appearances를 클릭한다.

Font setting에서 Change를 클릭하여 글자의 크기를 설정한다.

2. Change를 클릭한다.

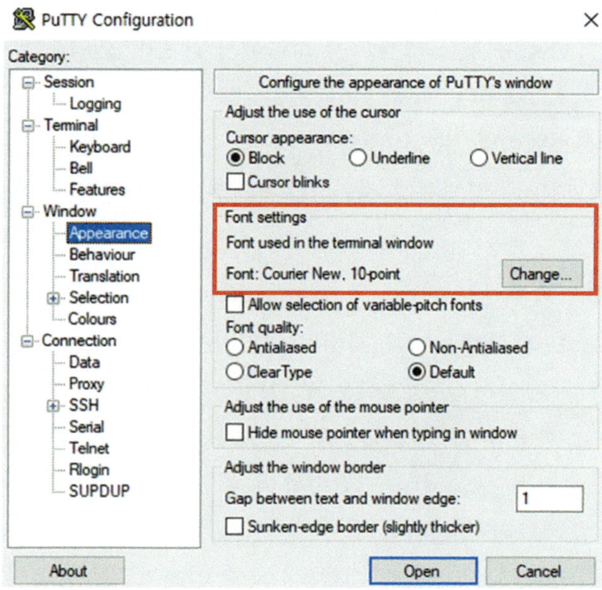

- 글자 색을 변경하는 방법

1. Category에서 Window의 Colours를 클릭한다.
2. 클릭한 후 창에서 Adjust the precise Colours PuTTY displays의 Select a colour to adjust를 Default Foreground를 선택하고 Modify를 클릭한다. 클릭을 하면, 색 창이 나타나며 이 창에서 색을 지정한 다음 확인을 클릭하면 색을 바꿀 수 있다. 이렇게 지정한 후 Apply를 클릭하면 된다.

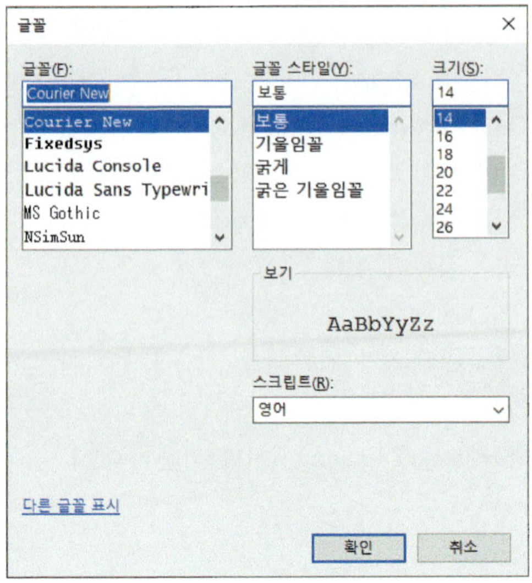

5 VNC(Virtual Network Computing) viewer 설치

VNC는 영국 캠브리지 대학에서 개발이 되었으며, 지금은 GNU 라이선스 기반인 오픈 소스 프로그램이다. 특히 RFB 프로토콜을 이용하여 타 컴퓨터에서 GUI를 기반으로 공유할 수 있는 시스템이다. RealVNC는 자바를 기반으로 만들어졌으며 리눅스, 윈도우, 솔라리스 등 여러 가지의 운영체제를 지원하고 있으며, VNC는 원격 접속을 할 경우에는 많은 사용이 되고 있다.

1) VNC의 구성

- VNC 개념 : VNC 서버는 네트워크를 통하여 컴퓨터 데스크탑에 원격으로 액세스하고 제어할 수 있는 프로그램을 말한다.
- 서버와 클라이언트 구조를 가지고 있다.
- 원격으로 서버를 접속하여 컴퓨터를 제어할 수 있다.
- 네트워크 연결이 되고 난 후에는 원격 접속으로 컴퓨터 화면을 보면서 제어를 할 수 있다.
- 원격 접속은 한 대뿐 아니라 여러 대를 접속할 수 있다.
- VNC 버전 : 무료 및 상용버전이 있으며 RealVNC, TightVNC, UltraVNC 등이 있으며 대부분 무료로 사용이 가능하다.
- 운영체제 : VNC 서버에는 Windows, macOS 및 Linux를 비롯하여 다양한 운영체제에서 실행할 수 있다.
- 호환성을 가지고 있다.

2) VNC(Virtual Network Computing) viewer 설치하는 방법

① 구글에서 vnc viewer 검색한다.

② Real VNC 클릭한다.

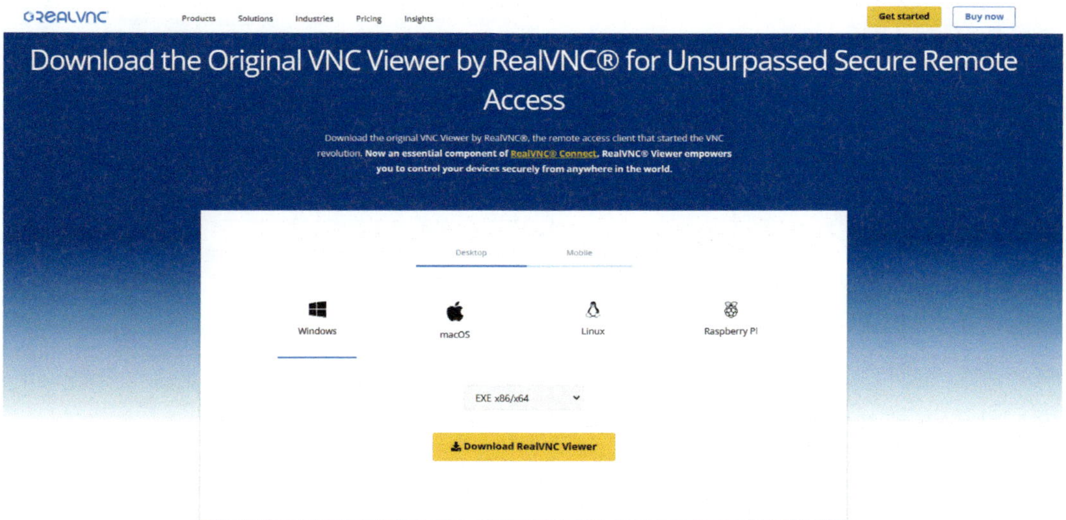

③ Windows 선택한 다음 Download RealVNC Viewer 클릭한다.

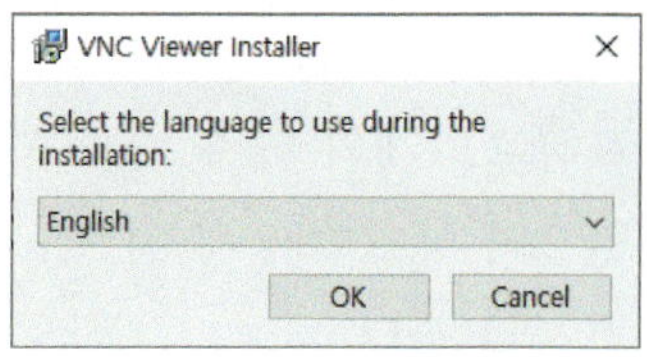

④ VNC Viewer Installer에서 English를 선택하고 OK 클릭한다.
사용할 언어를 선택할 수 있다. 언어는 영어, 프랑스 등이 있다.
(이렇게 하면 Real/VNC Viewer 7.13.1이 컴퓨터에 설치가 된다. 계속하려면 Next를 클릭하고, 설치를 종료하려면 cancel을 클릭한다.)

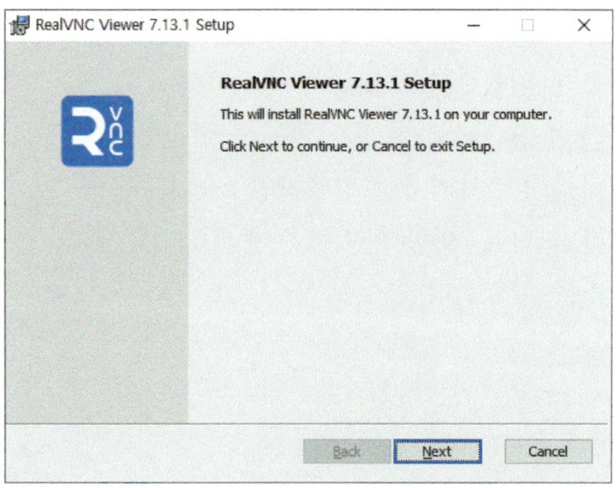

⑤ 라이센스 계약의 조건을 체크하고 Next를 클릭한다.

(최종 라이센스 계약 - 다음 라이센스 계약을 주의 깊게 읽어보세요.

라이센스 계약의 조건에 동의한다.

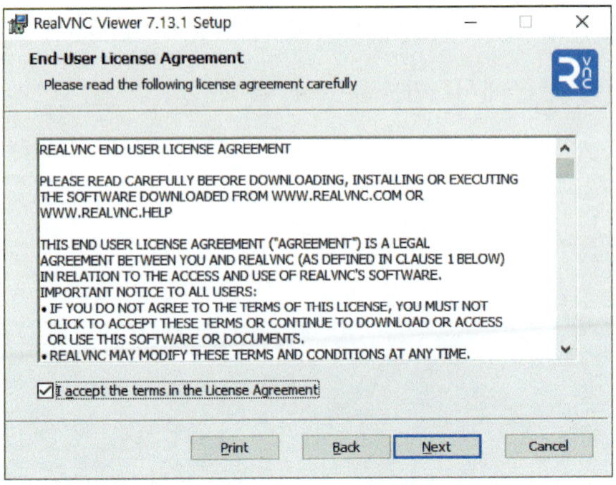

⑥ 맞춤을 설정하며 설정이 완료되면 Next 클릭한다.

맞춤 설정 - 기능을 설치할 방법을 선택한다.

만약 기능 설치 방법을 변경하려면 아래 트리의 아이콘을 클릭한다.

Real/VNC Viewer를 설치하면 다른 컴퓨터를 원격으로 제어할 수 있다.

이 기능은 하드 드라이브에 5897KB가 필요하고, 1개의 하위 기능 중 0개가 선택되었으며 하위 기능은 하드 드라이브에 0KB가 필요하다.

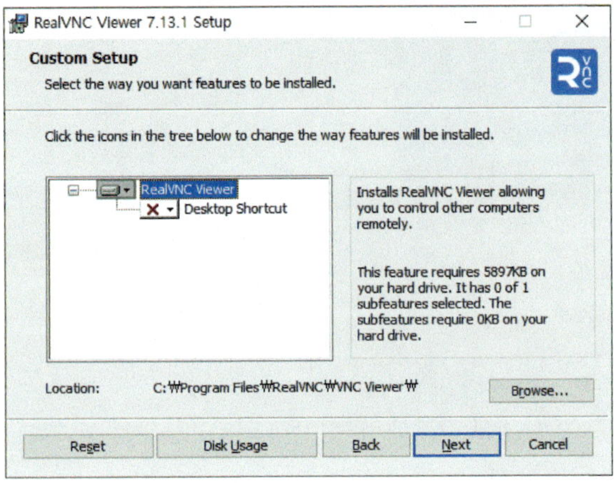

⑦ Real/VNC Viewer 7.13.1 설치 준비 완료가 되었으므로 Install 클릭한다.

(설치를 시작하려면 설치를 클릭한다. 설치를 검토하거나 변경하려면 back을 클릭하면 된다. 또한 마법사를 종료하려면 취소를 클릭한다.)

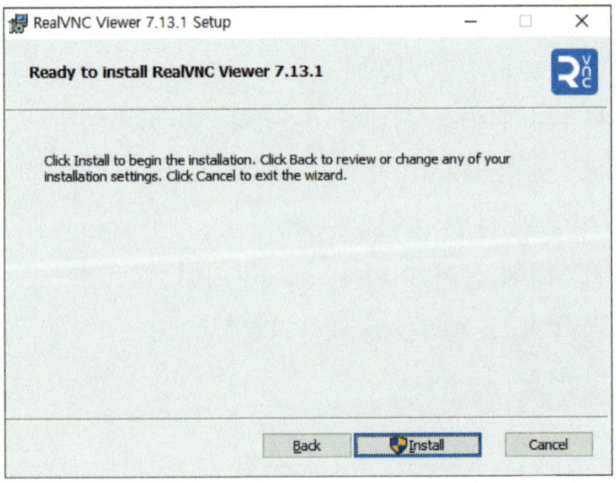

⑧ Real/VNC Viewer 7.13.1 설치가 완료 되었으므로 Finish 클릭한다.

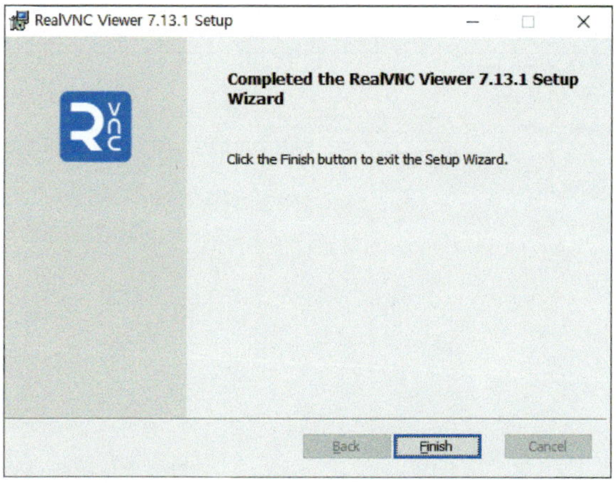

⑨ 설치 완료 후 바탕화면에 아이콘이 없으면 검색 창에서 RealVNC 검색한다.
검색 후 RealVNC 앱에서 열기를 클릭하면 RealVNC Viewer 창이 열린다.
자주 사용하는 경우는 "작업 표시줄에 고정"을 선택하면 된다.

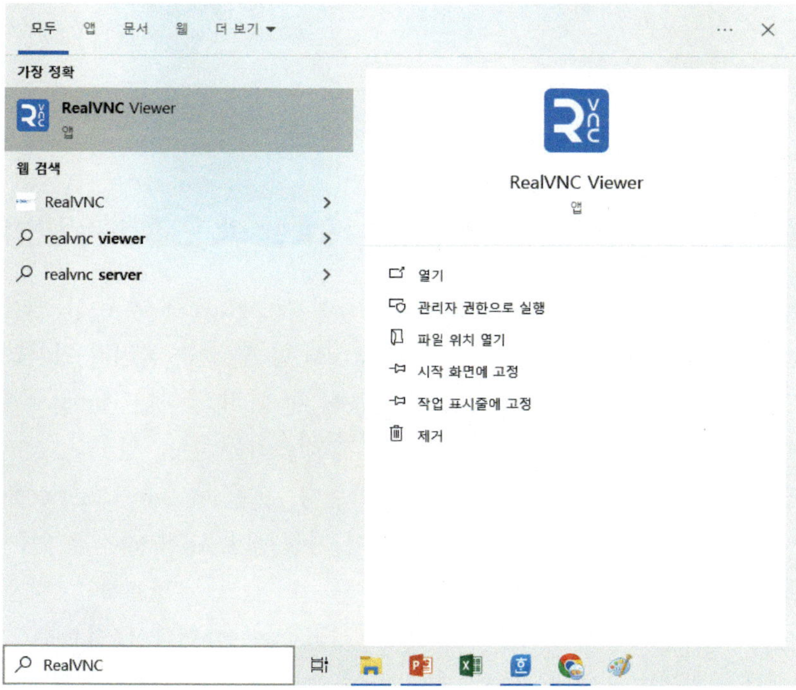

⑩ RealVNC Viewer 앱에서 열기를 클릭한다.

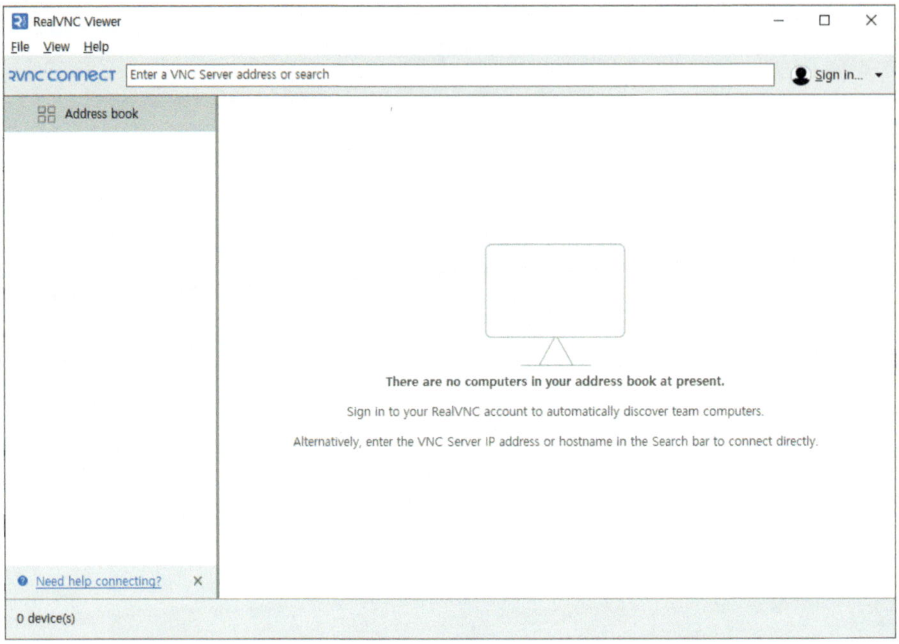

6 노트북을 이용하여 Raspberry Pi Mobile Hotspot 연결하는 방법

Hotspot은 Internet Service 공급자에게 연결된 Router를 사용하여 WLAN(wireless, 무선 근거리 통신망)을 통하여 일반적으로 Wi-Fi를 이용하여 Internet에 Access 할 수 있는 물리적 위치를 말하는 것이다. 이것을 Wi-Fi Hotspot 또는 Wi-Fi 연결이라고 한다. 다시 말하면 Hotspot은 스마트폰이나 태블릿 등의 Mobile 기기를 무선으로 Internet에 접속하는 것을 말한다.

Mobile Hotspot은 해당 Mobile만을 나타내는 Hotspot을 말한다. 또한 Mobile Hotspot을 생성하면 Smartphone을 이용하여 노트북으로 Internet 접속이 가능하며, 내가 가지고 있는 Smartphone에서 Smartphone 데이터를 노트북과 같이 공유할 수 있도록 설정하는 것을 Hotspot이라 한다. 즉 내 Hotspot을 Wi-Fi처럼 사용하는 것이다. 테더링은 와이파이, 블루투스, usb 등 현재 모바일 기기에서 지원되는 인터넷 기능을 인터넷 연결이 안 되는 기기들과 연결하여 인터넷을 공유하도록 하는 것이다.

1) Hotspot을 만드는 이유

노트북에서 Mobile Hotspot을 만들어 Raspberry Pi를 여기에 접속하여 사용하는 것이다.

2) 노트북 Hotspot(테더링) 기능 설정하는 방법

– windows 10(RS5, V1809 이상), windows 11 Mobile Hotspot 설정하는 방법

① Key Board에서 로고 키 +i 키를 눌러서 설정 창을 실행한다.

② 네트워크 및 인터넷을 클릭한다.

③ Mobile Hotspot을 "끔"을 "켬"으로 변경한다.

④ Hotspot에 연결하고자 하는 기기에서 Wi-Fi 검색을 통하여 설정되어 있는 네트워크를 찾아서 연결한다.

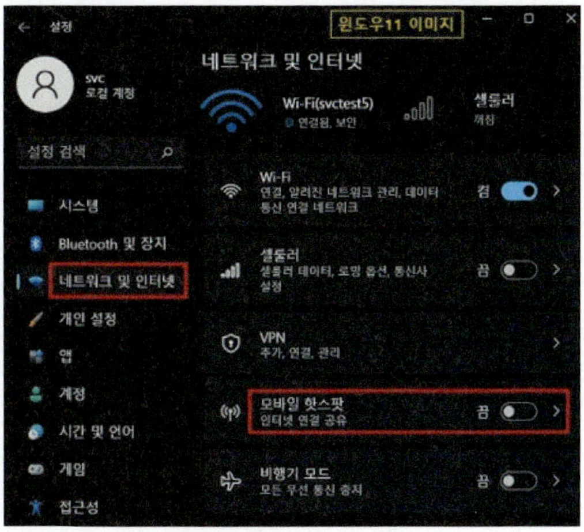

[windows 11 설정]

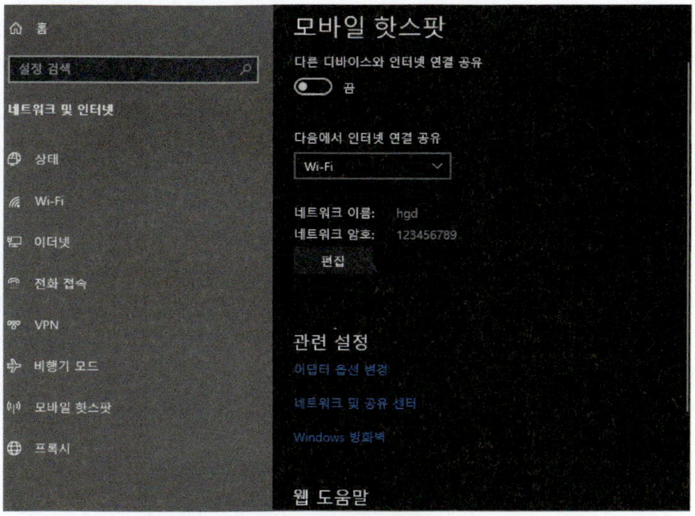

[windows 10 설정]

3) 노트북에서 Hotspot을 만드는 방법

① 검색 창에서 Mobile Hotspot을 검색한다.

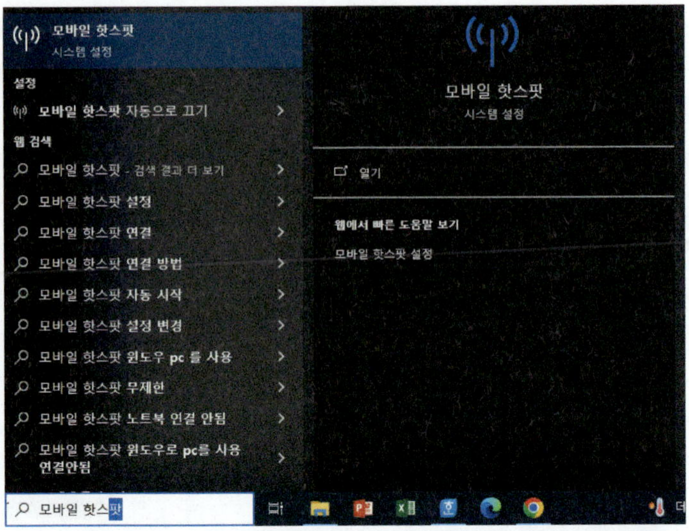

② Mobile Hotspot에서 열기를 클릭한다.

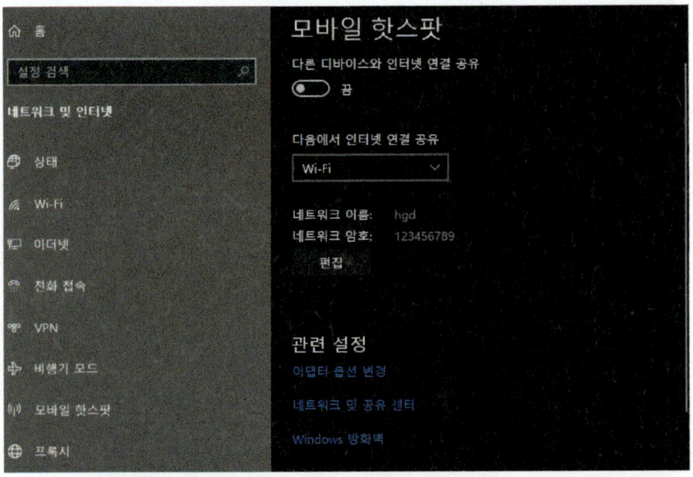

③ 현재 Mobile Hotspot에서 다른 디바이스와 인터넷 연결 공유는 "끔"상태로 되어 있다. 이것을 "켬" 상태로 전환한다.

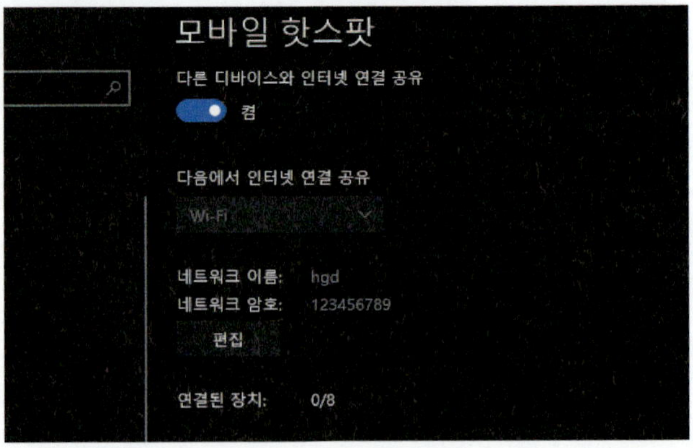

④ 네트워크 정보 편집은 네트워크 이름과 네트워크 암호를 설정한다.

편집을 클릭한다. 클릭을 하면 네트워크 이름과 네트워크 암호를 설정할 수 있다. 네트워크 이름은 본인이 기억하기 쉬운 것으로 하는 것이 좋다.

본 교재에서는 네트워크 이름을 본인의 이니셜을 사용하여 설정하도록 한다.

네트워크 암호는 본 교재에서는 기억하기 쉬운 123456789로 설정한다.

설정이 완료된 후에는 저장을 눌러 저장한다. 대역은 2.4GHz로 설정한다.

(네트워크 이름과 암호는 앞에서 선정한 것을 그대로 사용한다.

앞에 설정한 것을 사용해야 라즈베리파이에 그대로 사용할 수 있다.)

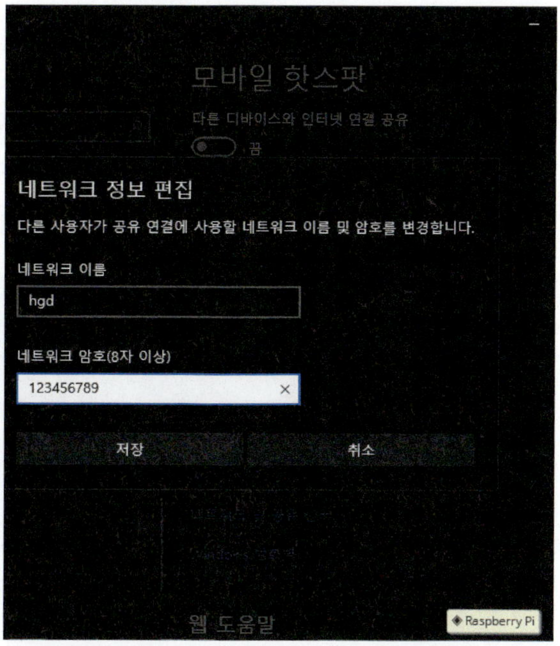

(핫스팟을 확인하는 방법은 스마트폰에서 본인의 이니셜로 된 와이파이가 켜진 것을 확인하면 된다. 여기서 절전이 꺼져 있으면 모바일 핫스팟이 자동으로 꺼진 것이다.)

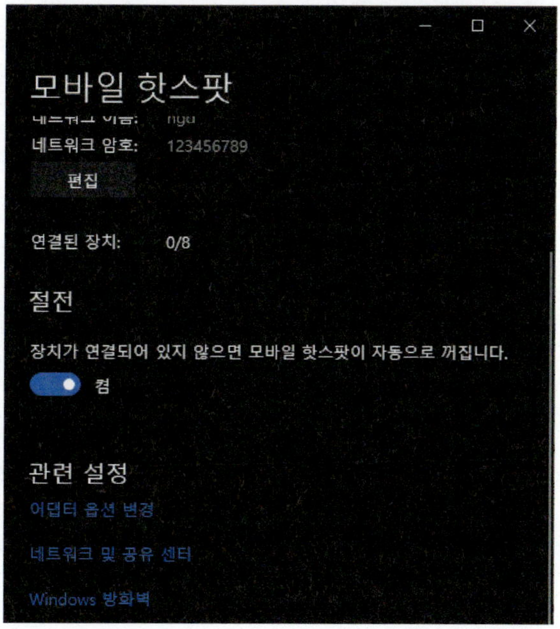

4) Mobile Hotspot 연결하는 방법

① Mobile Hotspot에 있는 IP 주소를 PuTTY Configuration에서 Host Name(or IP address)에 입력하고 Connection Type은 SSH를 체킹한다.

PuTTY Configuration에서 Open을 클릭한다. 단, Port는 그대로 둘 것.

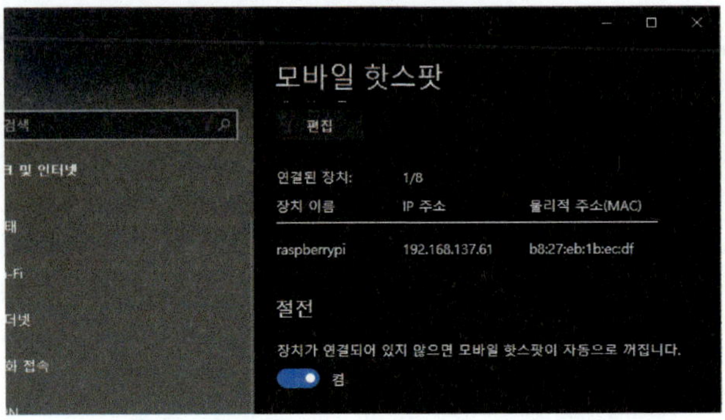

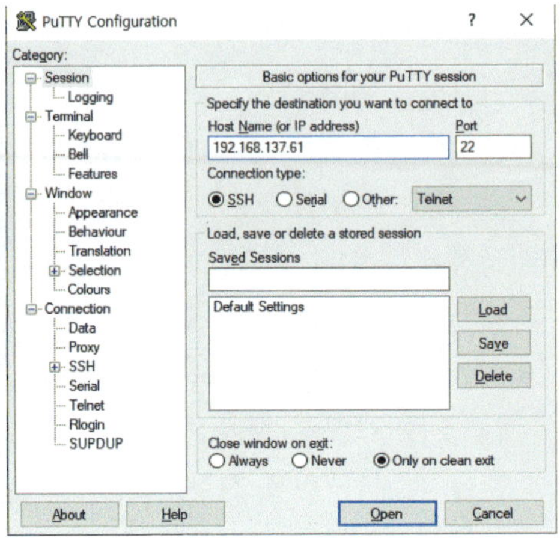

② Accept를 클릭한다.

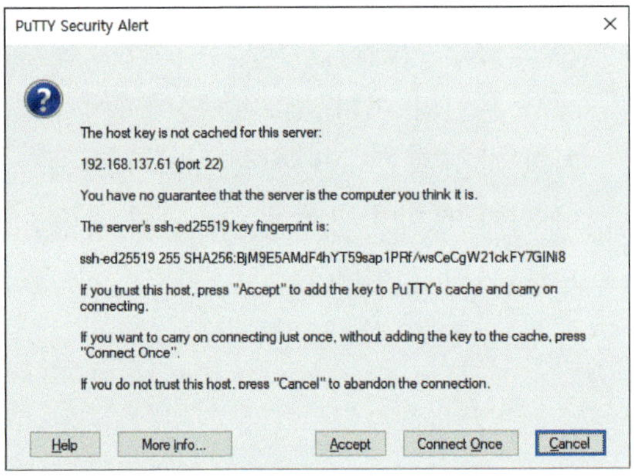

– 호스트 키는 이 서버에 캐시되지 않았으며, 192.168.137.61(포트 22) 서버가 당신이 생각하는 컴퓨터라는 보장이 없다. 서버의 ssh-ed25519 지문은 다음과 같다.

1. 이것을 신뢰한다면 "수락"을 눌러 PuTTY의 캐시에 키를 추가하고 연결을 계속한다.
2. 캐시에 키를 추가하지 않고 연결을 계속하려면 Connect Once를 누른다.
3. 이 호스트를 신뢰하지 않으면 Cancel을 눌러 연결을 중단한다.

③ Accept 클릭하면 login as 화면이 나타난다. (login as 나타나지 않으면 핫스팟 설정을 확인해야 한다.)

④ login as에 pi 입력하고 Enter를 친다.

⑤ pi@192.168.137.61's password에 raspberry 입력하고 Enter를 친다. 여기서 password를 입력해도 커서는 움직이지 않으며 비밀번호는 앞에서 raspberry로 설정이 되었다.

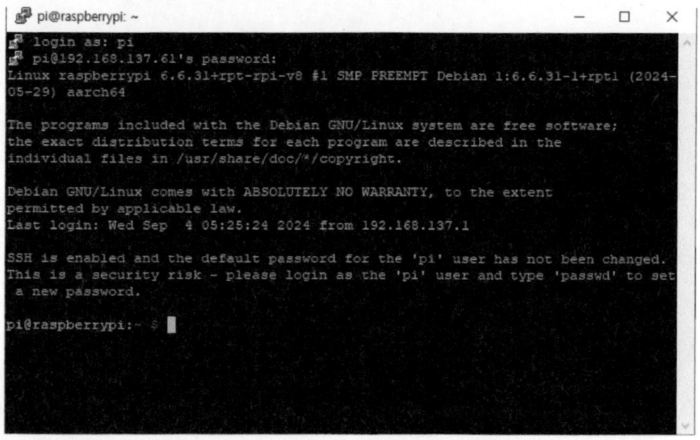

⑥ 리눅스에서 자주 사용되는 명령어 설명

- sudo(SUbstitute user DO의 약자) : 관리자의 권한 실행
- sudo apt-get update : OS(운영체제)에서 사용이 가능한 패키지들과 그 버전에 대한 정보를 update 한다. 이것은 최신 버전을 update하는 것이 아니다. 즉 설치가 가능한 리스트를 update하는 것을 말한다.
- sudo apt-get upgrade : 설치한 패키지들을 최신 버전으로 upgrade 하는 것이다. apt-get upgrade를 이용하면 apt-get upgrade로 가져온 모든 패키지들을 최신 버전으로 upgrade

한다.

- sudo apt-get full-upgrade : 전부 upgrade(부속 프로그램 모두 포함)
- sudo apt-get install fonts-unfonts-core, sudo apt-get install ibus, sudo apt-get install ibus-hangul : 한글 폰트 설치
- sudo apt-get install ssh-y : SSH 설치한다.
- sudo nano/etc/ssh/sshd_config : SSH 설정한다.
- sudo vi/etc/ssh/sshd_config : Root 계정으로 SSH 접속을 나타낸다.
- sudo service ssh reboot : SSH 설정하고 리부팅
- ifconfig : ip 정보를 알려준다. 즉 내 ip를 확인할 수 있다.

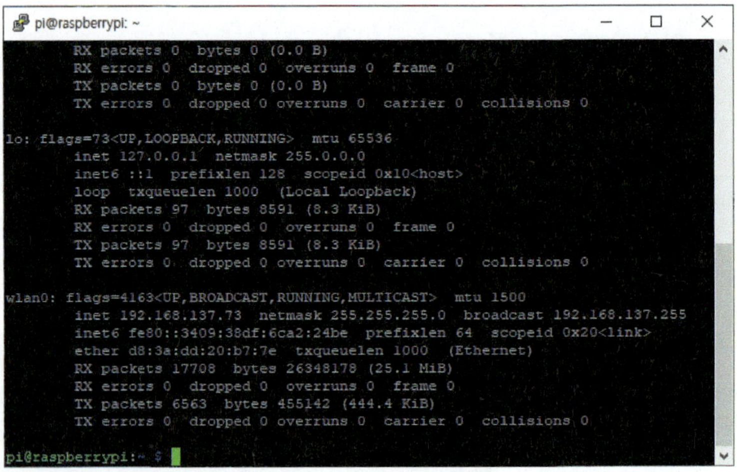

- iwconfig : LAN 연결 상태를 알려준다. 즉 무선 네트워크 인터페이스의 환경 설정 시 사용된다.

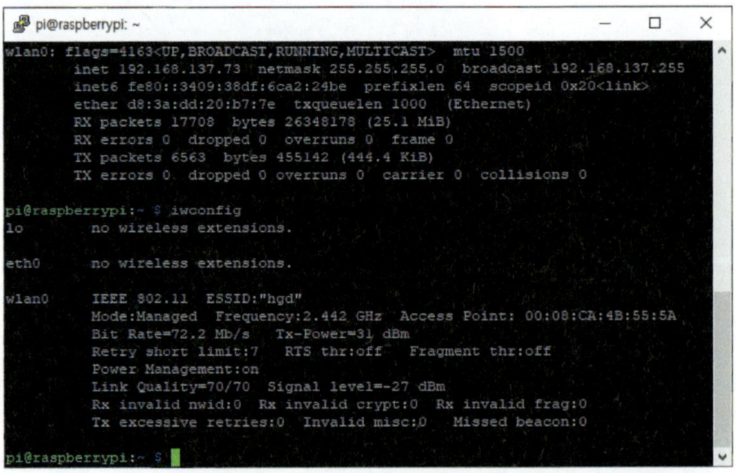

- sudo nano 파일 이름 : 파일 에디터(편집기)

```
$ nano
또는
$ nano 편집할파일명
```

nano 편집기를 사용하여 새로 편집할 파일명을 입력하고 nano 편집기로 newfile을 만들면 다음과 같다.

```
pi@raspberrypi:~$ nano newfile
```

nano 편집기를 실행한 화면은 아래와 같으며 버전은 GNU nano7.2이다.
File: newfile이라고 현재 편집 중인 파일의 이름이 상단에 표시가 되고 하단 중앙에는 New File이 새로 생성된 파일을 나타낸다. New File 아래에는 주요 메뉴가 있으며 단축키와 함께 설명이 있다. 따라서 단축키를 이용하여 주요 메뉴를 사용하면 된다.

- sudo reboot : 리부팅 또는 재부팅을 나타낸다.
- top : 메모리 사용량, CPU 사용량을 보여준다. 현재 OS(운영체제)의 상태를 나타내주는 CLI 어플리케이션이다. 즉 현재 사용 중인 프로세스를 확인한다.
  아래 화면은 리눅스에서 top을 실행한 것이다.

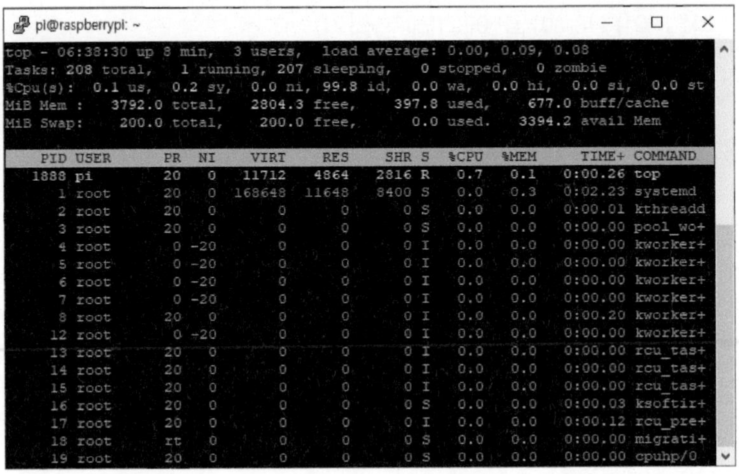

top은 요약 영역과 디테일 영역으로 나누며 다음과 같다.

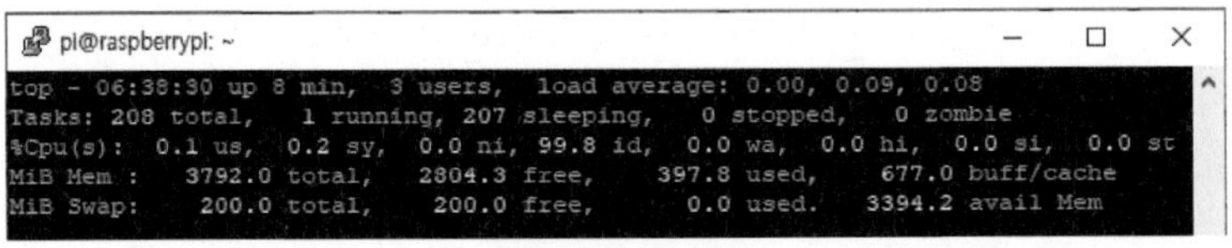

[요약 영역]

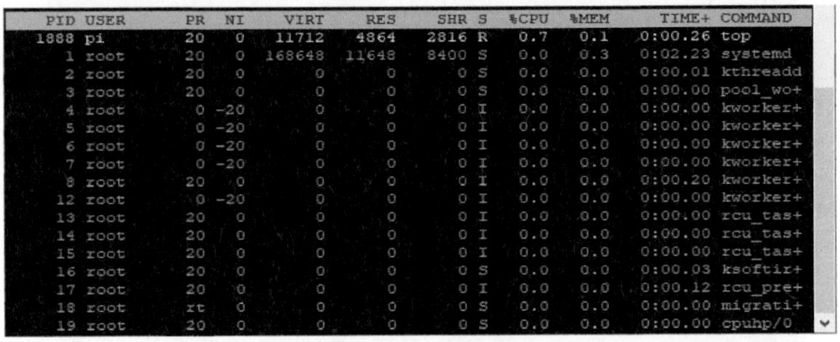

[디테일 영역]

- sudo rm 파일이름/디렉토리 : 파일이나 디렉토리를 삭제한다.
- ls-l : 현재 사용되는 디렉토리 내용을 자세히 알려준다.
- help : 도움말
- find : 파일과 디렉토리를 검색할 때 사용한다.
- pwd : 현재 위치해 있는 경로를 확인할 때 사용한다.

⑦ pi@raspberrypi:~ $ sudo raspi-config 입력 후 Enter를 친다.

(sudo raspi-config 입력하고 Enter 하면 다음과 같은 설정 화면이 나타나며 sudo는 관리자 모드에서 명령을 실행하라는 의미이다. raspi-config는 실행할 프로그램이다. 즉 sudo raspi-config는 raspi-config라는 프로그램을 관리자 모드에서 실행하라는 것을 의미한다.)

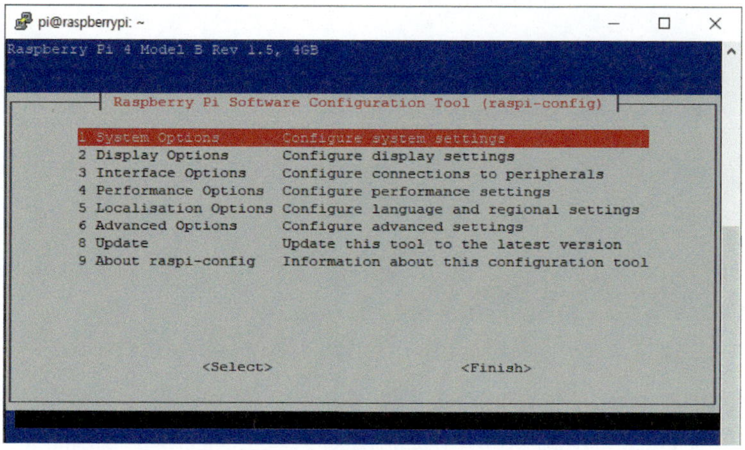

– 라즈베리파이 소프트웨어 설정 도구(raspi–config)

1. System Options : 시스템 설정 구성
2. Display Option : 디스플레이 설정 구성(해상도를 설정한다.)
3. Interface Options : 주변 장치와 연결 구성
4. Performance Options : 성능 설정 구성
5. Localisation Options : 언어 및 지역 설정 구성
6. Advanced Options : 고급 설정 구성
8. Update : 이 도구를 최신 버전으로 업데이트하시오.
9. About raspi-config : 이 구성 도구에 관한 정보

– System Options : 시스템 설정 구성

1. System Options를 클릭한다.

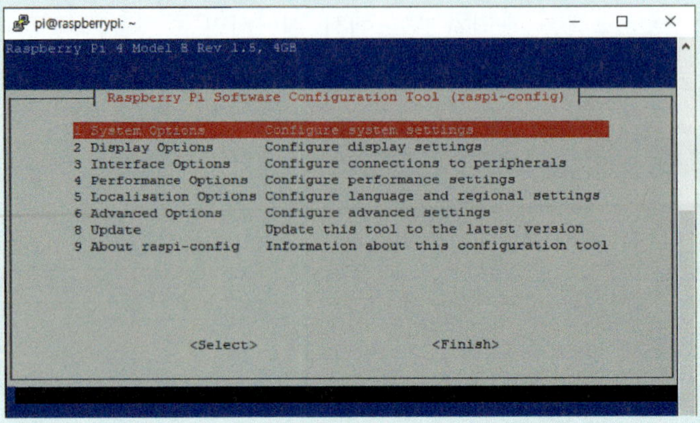

2. 원격 접속을 위한 SSH를 활성화하는 방법은 SSH는 원격 접속을 위해 반드시 활성화를 설정하여야 한다. 환경 설정 메뉴에서 5번째 항목인 인터페이스 옵션을 선택한다. 인터페이스 옵션은 라즈베리 파이와 유선, 무선으로 연결할 수 있는 장치의 설정을 의미한다. SSH는 무선으로 라즈베리 파이에 접속하라는 명령을 내리고 출력 결과를 확인하는데 사용할 수 있다. 여기서 인터페이스 옵션을 클릭하고 SSH를 활성화 유무를 확인하는 창에서 YES를 클릭하면 활성화(Enable)하고 라즈베리 파이를 무선 네트워크를 통하여 접속할 수 있다. 만약 라즈베리 파이를 원격으로 접속할 목적이 아니면 비활성화(Disable) 상태로 두면 된다.

3. Interfacing Option 클릭한다.

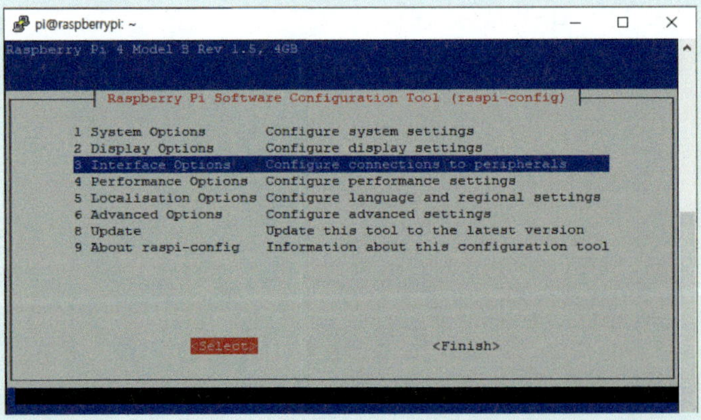

4. I1 SSH 클릭한다.

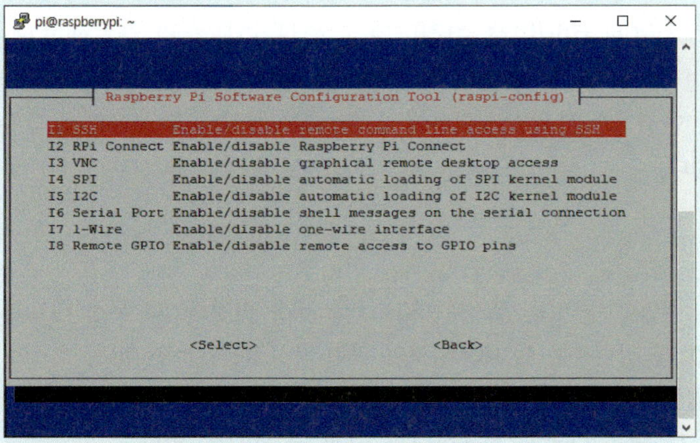

5. Yes를 Enter한다.

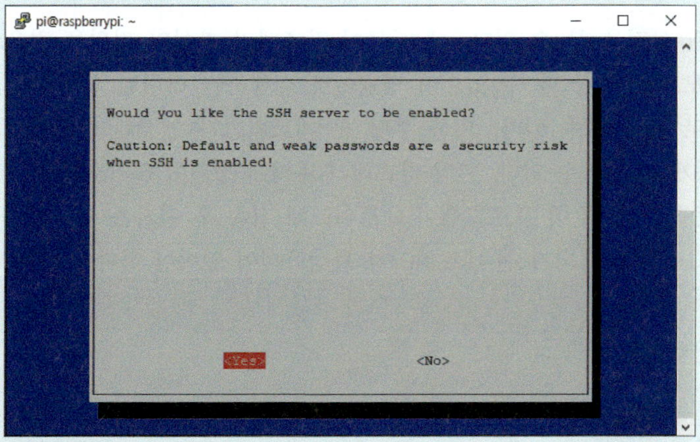

6. OK를 클릭한다.

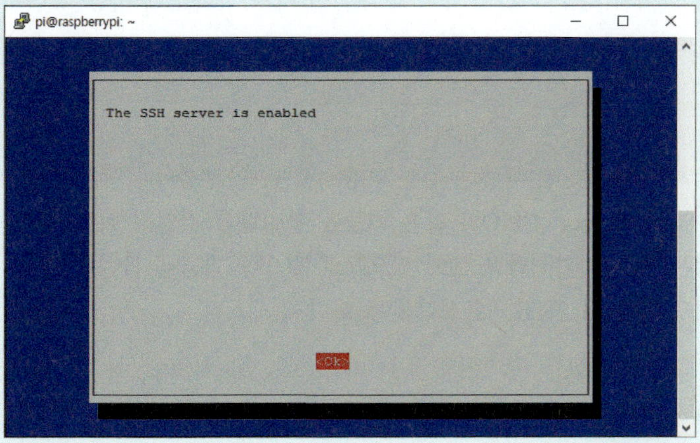

4. A6 Wayland : X와 Wayland 백엔드 간 전환
5. A7 Audio Config(오디오 구성) : 오디오 컨트롤 시스템 설정
6. A8 PCIe Speed : PCIe x1 포트 속도 설정

⑨ 라즈베리파이 소프트웨어 설정 도구(raspi-config)에서 A6 Wayland를 클릭하고 Enter 하면 다음과 같은 화면이 나타난다.

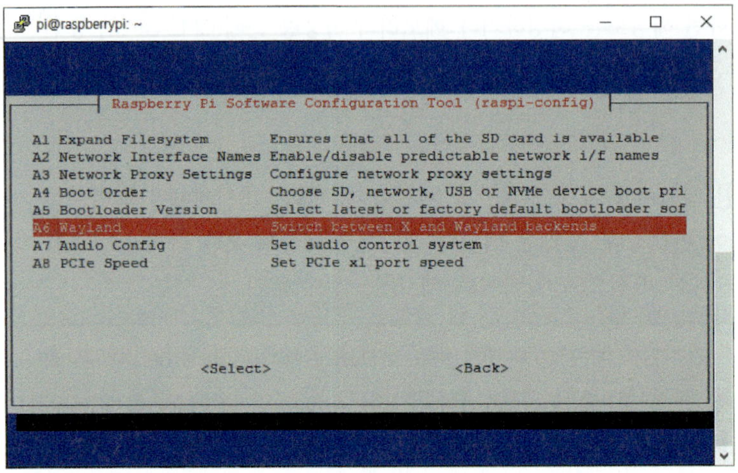

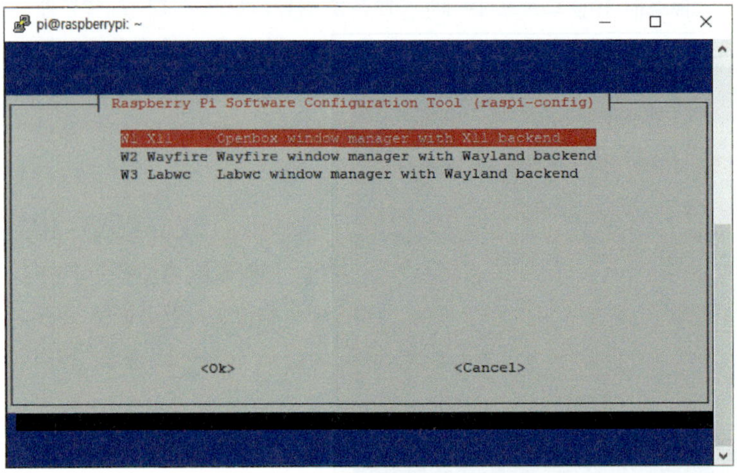

– 라즈베리파이 소프트웨어 설정 도구(raspi–config)

1. W1 X11 : X11 백엔드가 있는 openbox 윈도우 관리자

X11은 리눅스에서 그래픽 창 관리 시스템인 X window system을 의미하며 X Window System, Xorg, X 등은 같은 개념으로 사용된다. X11은 유닉스에서 그래픽 사용자 인터페이스를 구축하기 위한 표준 툴킷 및 프로토콜이다. 서버 관리는 터미널 프로그램(SecureCRT, PuTTY 등)으로

접속하면 가능하며 간혹 GUI가 필요하다. 또한 SSH 등으로 리눅스 서버를 원격으로 접속하기 위해서 X-windows의 GUI를 사용한다.

2. W2 Wayfile : Wayland 백엔드를 갖춘 Wayfile 윈도우 관리자

Wayland는 리눅스와 유닉스에 사용되는 디스플레이 서버 프로토콜이며, X11의 대안으로 더 간단하고 효율적인 구조이다.

Wayland의 특징으로는 확장성, 성능 향상, 보안성, 모바일 기기와 임베디드 환경 지원, 비디오 출력, 다중 디스플레이 설정이 있다.

3. W3 Labwc : Wayland 백엔드를 갖춘 Labwc 윈도우 관리자

Labwc는 Wayland 스택 가능 컴포지터이며, openbox 창 관리자를 대체 가능하다. 특징으로는 단순성, 견고성, 신뢰성, 안정성 등을 갖고 있다.

⑩ 라즈베리파이 소프트웨어 설정 도구(raspi-config)에서 W1 X11를 클릭하고 OK를 클릭하면 다음과 같은 화면이 나타난다.

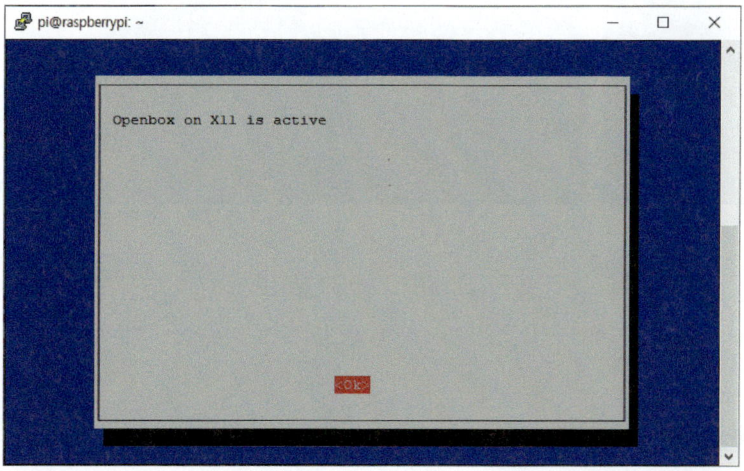

- OK를 클릭한다. W1 X11 그래픽 창 관리 시스템인 X window system이다.

현재 사용 중인 라즈베리파이와 예전에 사용하던 라즈베리파이 system 조금씩 다르다. 따라서 기종의 변화로 인하여 os (운영체제)가 바뀌면서 예전에 사용했던 방식을 현재는 지원하지 않는다. 그러나 X11 같은 경우에는 기존의 방식을 사용할 수 있다. 여기서 설정이 완료한 다음 재부팅을 한번 해주어야 한다.

◆ 재부팅하는 방법

1. 키보드에서 탭(Tab)을 눌러 Finish에서 Enter 한다.
2. Enter 하면 Would you like to reboot now?(재부팅 할 것인지 물어본다.)
   yes Enter 한다. (yes Enter 하면 재부팅된다.)
3. 재부팅하면 접속이 끊어지며 PuTTY 창을 닫고 재설정한다.
   여기서 모바일 핫스팟을 보면 장치가 다시 접속되는 것을 알 수 있다.

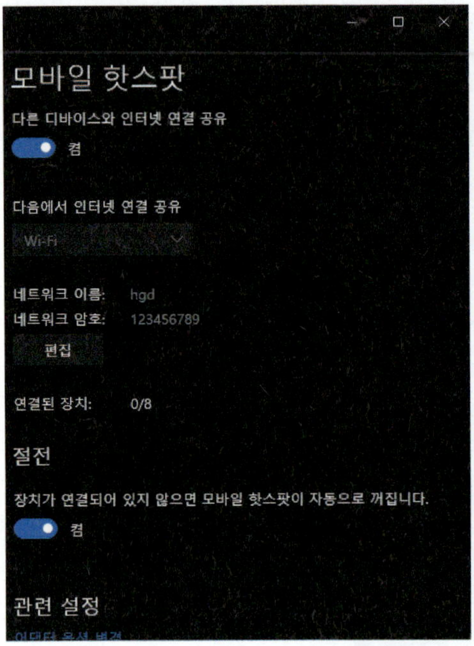

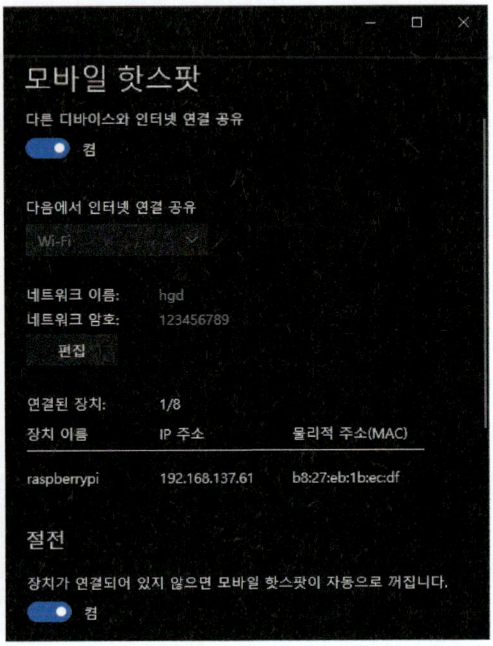

- 접속한 다음 VNC 설정을 위해 login as에 pi 입력하고 Enter 한다.
- pi@192.168.137.61's password는 앞에서 설정된 raspberry 입력하고 Enter 한다.

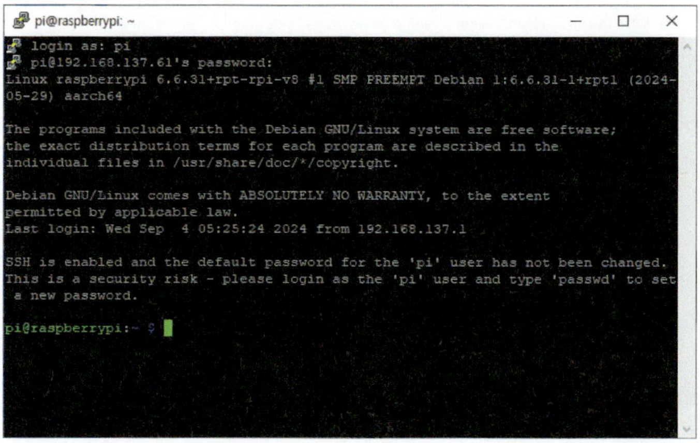

- pi@raspberrypi:~ $에 sudo raspi-config 입력 후 Enter 하면 다음과 같은 화면이 나타난다.

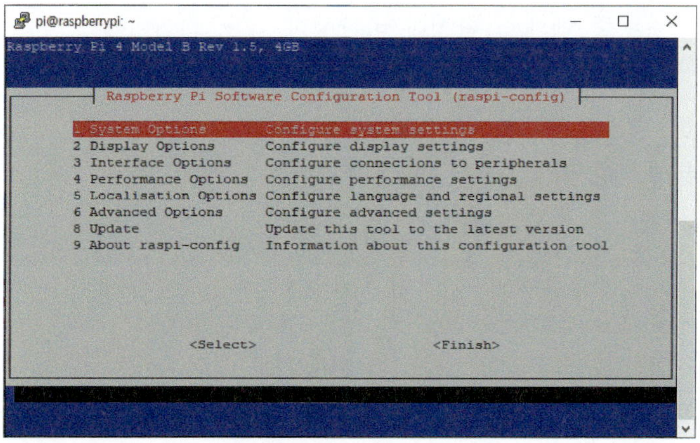

⑪ SSH 설정하기 위해서 3번인 Interface Options를 Enter 한다.

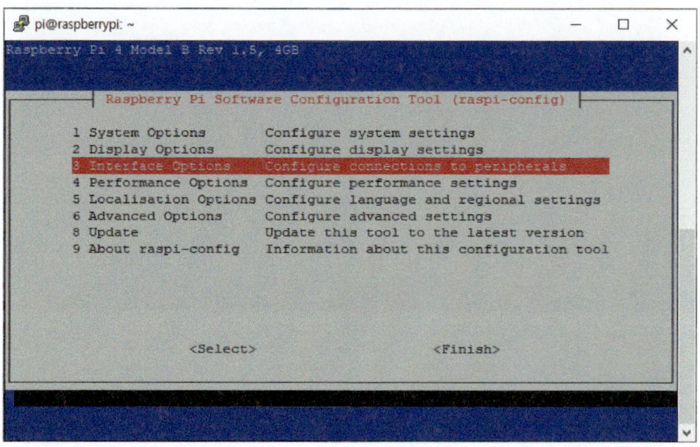

⑫ 3번인 Interface Options를 Enter 하면 다음과 같은 화면이 나타난다.
여기서 I3 VNC를 Enter 한다.

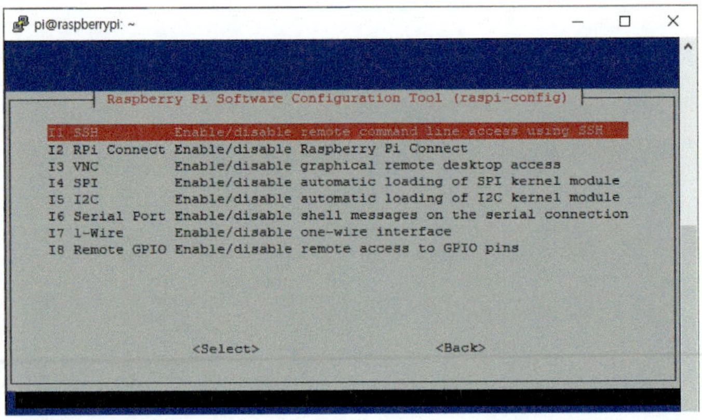

– Raspberry Pi Software Configuration Tool(raspi–config)

: 라즈베리파이 구성 도구

1. I1 SSH : SSH를 사용하여 원격 명령줄 액세스 활성화/비활성화
2. I2 RPi Connect : Raspberry Pi Connect 활성화/비활성화
3. I3 VNC : 그래픽 원격 데스크톱 액세스 활성화/비활성화
4. SPI : SPI 커널 모듈 자동 로딩 활성화/비활성화
5. I2C : I2C 커널 모듈 자동 로딩 활성화/비활성화
6. I6 Serial Port : 직렬연결에서 셸 메시지 활성화/비활성화
7. I7 1-Wire : 하나의 Wire 인터페이스를 활성화/비활성화
8. I8 Remote GPIO : GPIO 핀에 대한 원격 액세스 활성화/비활성화

⑬ I3 VNC Enter 한다.

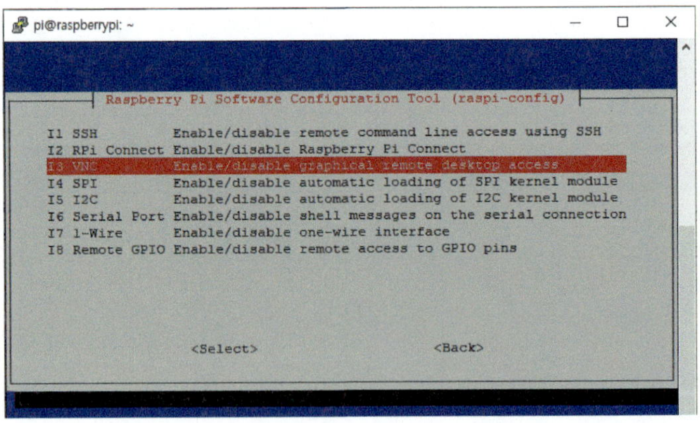

⑭ VNC 서버를 활성화하겠습니까?
에서 yes를 Enter 한다.

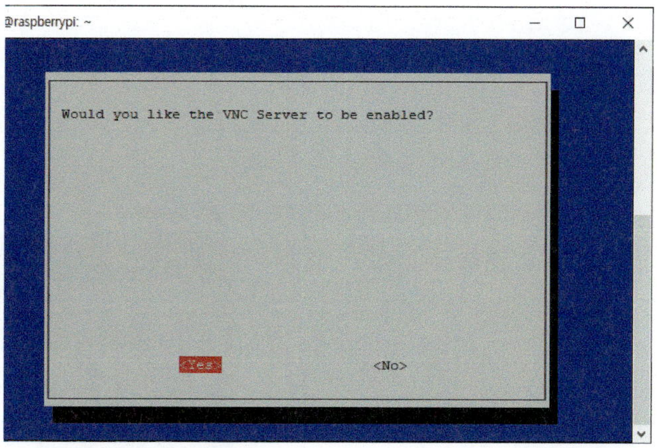

⑮ Enter 하면 다음과 같이 VNC 서버가 활성화되었다.
여기서 OK를 클릭한다.

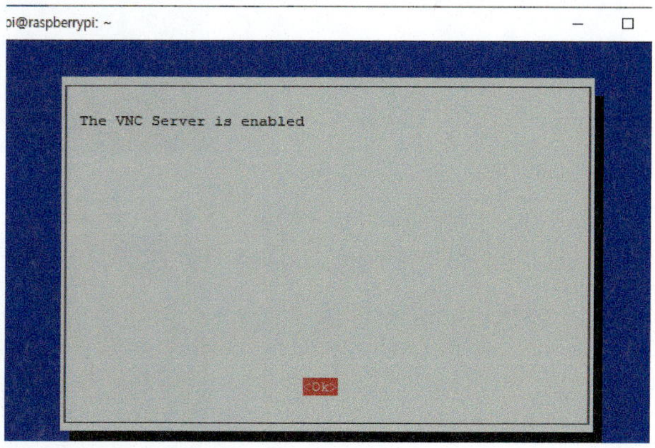

⑯ OK를 클릭하면 다음과 같은 화면이 나타난다.

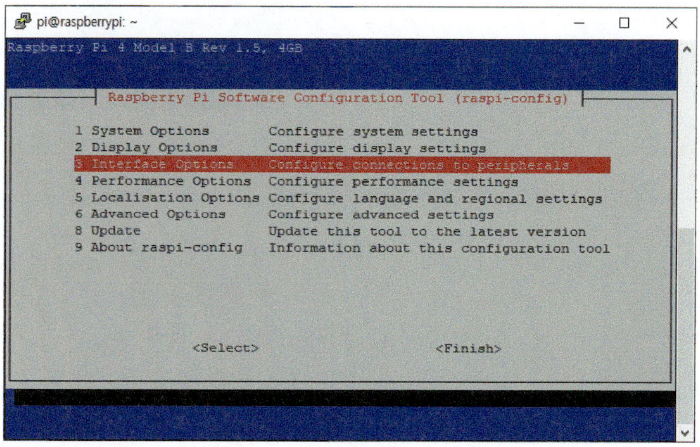

⑰ 해상도 설정하는 방법

해상도 설정은 VNC 설정이 완료되면 처음의 설정 화면이 나타난다. 여기서 해상도를 설정할 수 있으며 다음과 같다.

1. 라즈베리파이 소프트웨어 설정 도구(raspi-config)에서 2번 Display Option 선택한다.
2. Display Option을 Enter 한다.

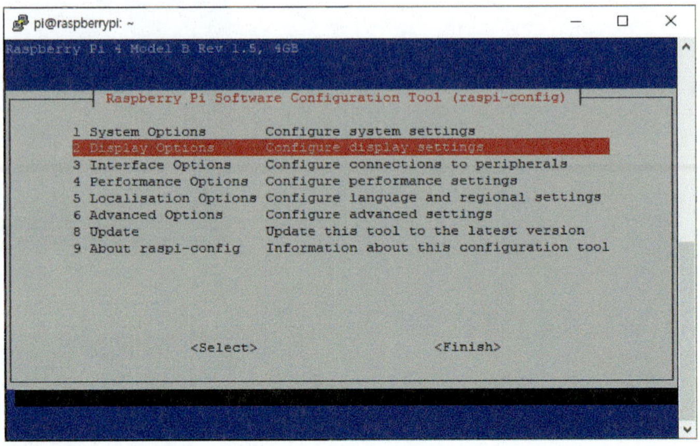

3. Display Option을 Enter 하면 다음과 같은 화면이 나타난다. 여기서 화면비를 설정할 수 있다.

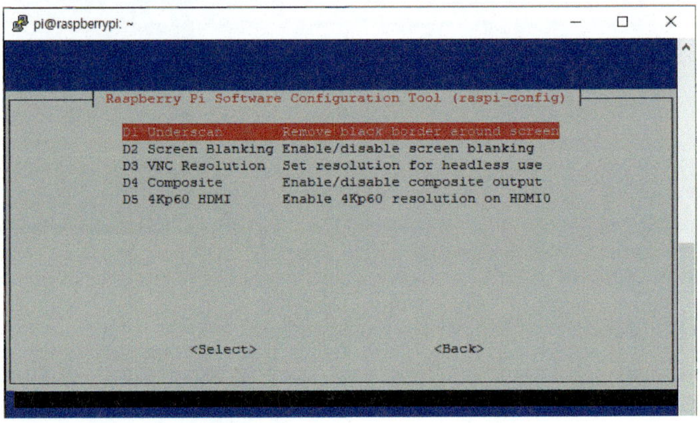

– 라즈베리파이 소프트웨어 설정 도구(raspi-config)

① D1 Underscan : 검은색 테두리 화면 제거
② D2 Screen Blanking : 화면 비우기 활성화/비활성화
③ D3 VNC Resolution : 헤드리스 사용을 위한 해상도 설정
④ D4 Composite : 복합 출력 활성화/비활성화
⑤ D5 4Kp60 HDMI : HDMI에서 4Kp60 해상도를 활성화

4. 화면비를 설정하기 위해서 D3 VNC Resolution를 Enter 하면 다음과 같은 화면이 나타난다. 여기서 화면비를 설정할 수 있다. 화면비는 1600 × 1200으로 설정한다.

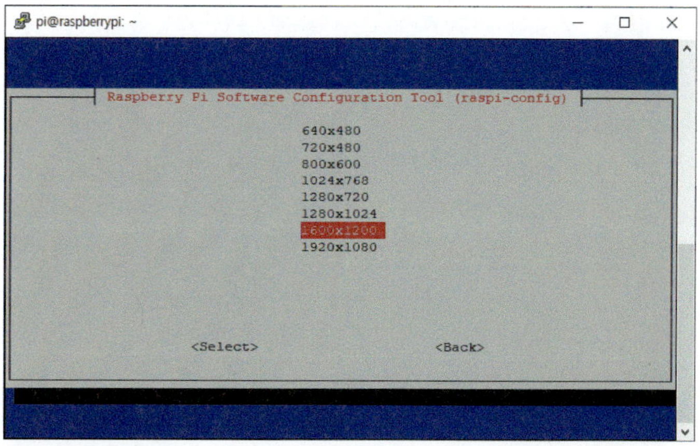

5. 화면비를 1600 × 1200으로 설정하고 Enter 하면 다음과 같은 화면이 나타난다.

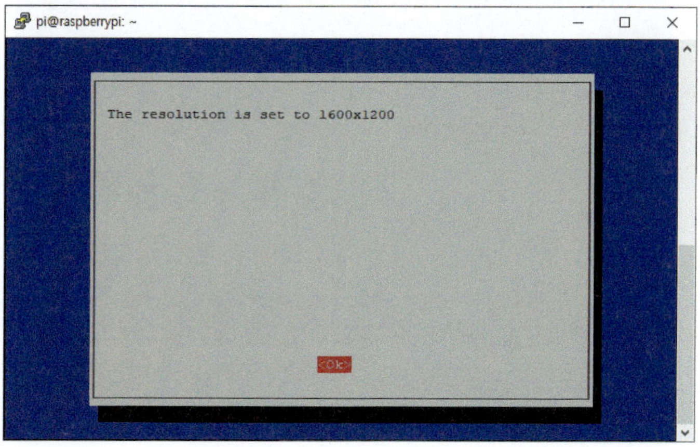

6. OK Ente 한다.
여기서 키보드에서 탭(Tab)을 눌러서 Finish Enter하고 Yes하고 종료한다.
앞으로 접속은 VNC Viewer로 접속한다.

7. 라즈베리 파이 RealVNC 접속하기
1) 검색 창에서 vnc 입력한다.

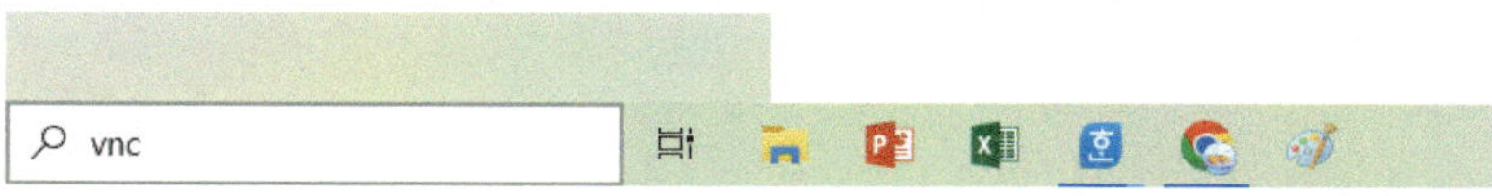

2) 검색 창에서 Realvnc 열기를 클릭한다.

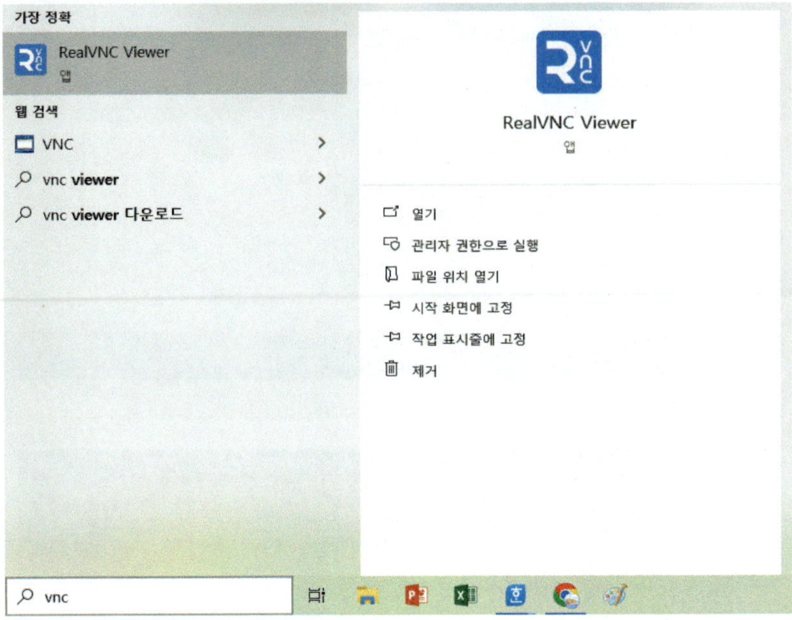

3) 검색 창에서 Realvnc 열기를 클릭하면 다음과 같은 Realvnc Viewer 창이 열린다.

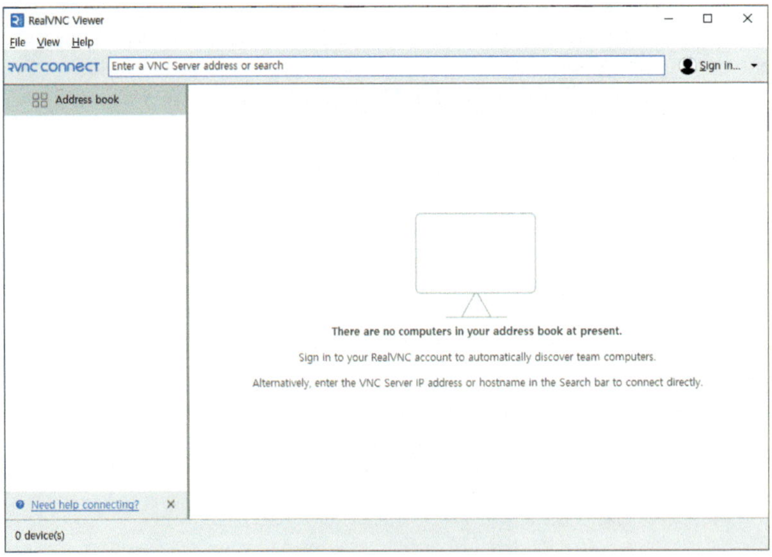

(현재 귀하의 주소록에는 컴퓨터가 있다. RealVNC 계정에 로그인하여 팀 컴퓨터를 자동으로 검색한다. 또는 검색 창에 VNC 서버 IP 주소나 호스트 이름을 입력하여 직접 연결한다.)

4) 좌측 상단에서 File을 클릭하고 New Connection을 클릭하면 다음과 같은 창이 열린다.

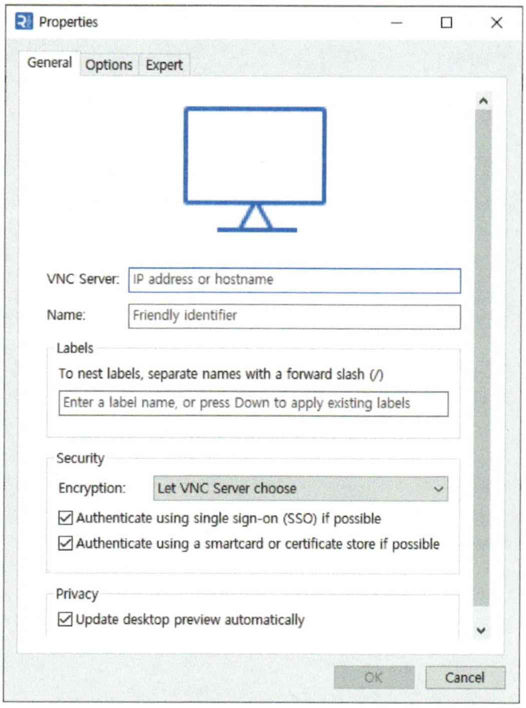

– properties(속성)

① VNC Server : IP 주소 또는 호스트 이름을 작성한다.

② NAME : 라즈베리파이 또는 다른 이름을 작성해도 된다.

③ Labels

To nest labels, separate names with a forward slash(/)

: 레이블을 중첩하려면 이름을 슬래시(/)로 구분한다.

④ Security(보안)

Encryption(암호화) : Let VNC Server Choose(VNC 서버 선택)

1. Authenticate using single sign-on(SSO) if possible

(가능하면 Single Sign-On(SSO)을 사용하여 인증하시오.)

2. Authenticate using a smartcard or certificate store if possible

(가능하면 스마트카드나 인증서 저장소를 사용하여 인증하시오.)

⑤ Privacy(개인정보)

Update desktop preview automatically

(바탕화면 미리보기를 자동으로 업데이트한다.)

5) VNC Server 주소, Name 입력하고 OK를 클릭한다. 여기서 이름은 중요하지 않다.

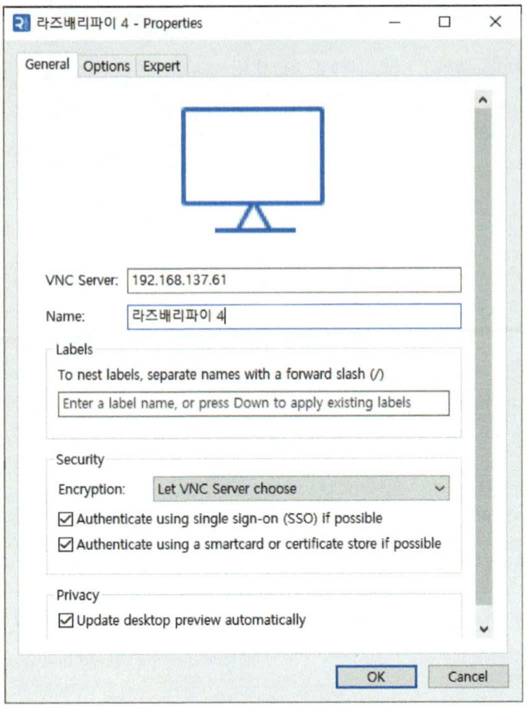

6) VNC Server 주소, Name 입력하고 OK를 클릭하면 다음과 같이 나타난다.

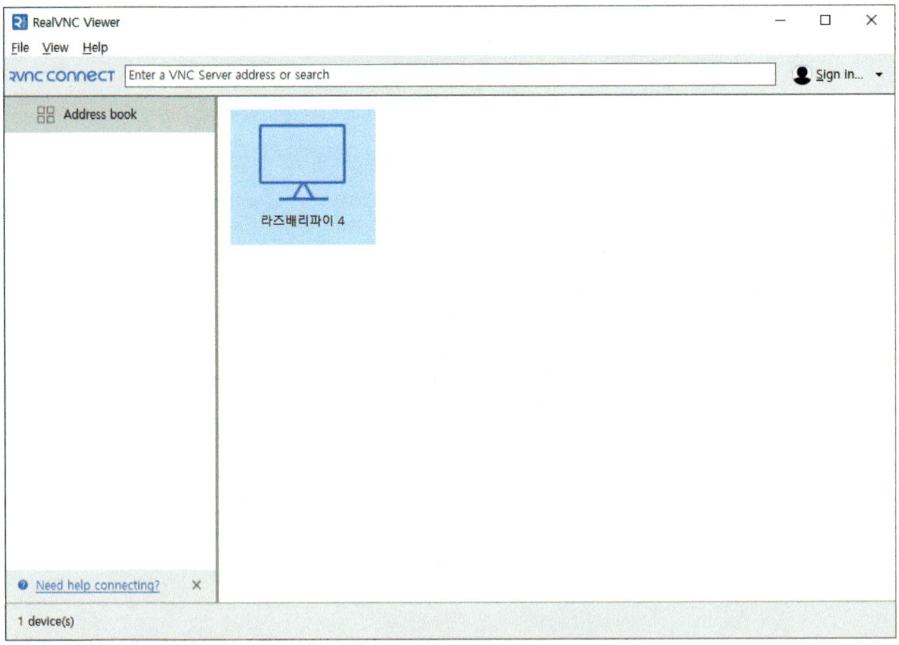

7) 파란색으로 되어 있는 라즈베리파이4를 더블클릭한다.

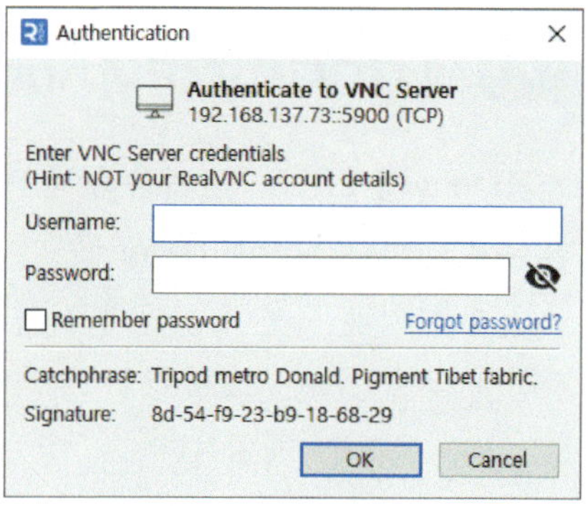

8) 클릭하면 다음과 같은 인증하는 창이 나타난다. VNC 서버에 인증 창에서 Username과 Password를 입력한다. Username과 Password는 pi와 raspberry이다. 여기서 Password 끝부분 눈동자 모양을 클릭(해제)하면 Password가 나타나고 눈동자 모양을 해제하지 않으면 Password가 보이지 않는다. Remember Password를 체크하면 다음에 그대로 사용된다.

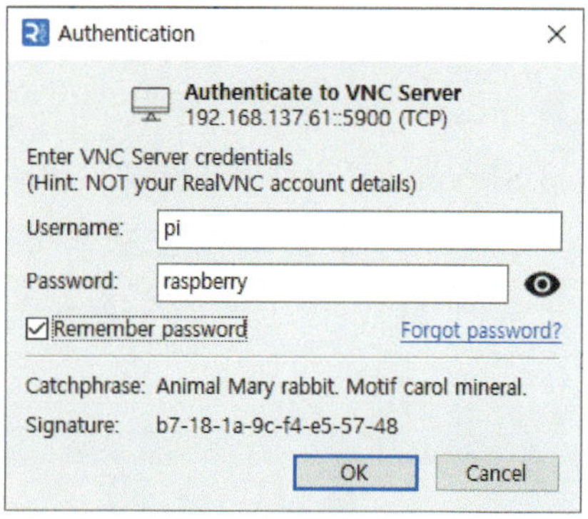

9) VNC 서버에 인증 창에서 Username과 Password를 입력하고 OK를 클릭한다.

10) Username, Password 입력한 다음 OK 클릭하면 이제부터는 원격으로 제어할 수 있다. OK 클릭하면 라즈베리 4 (raspberrypi)-RealVNC Viewer 창이 뜨게 된다.

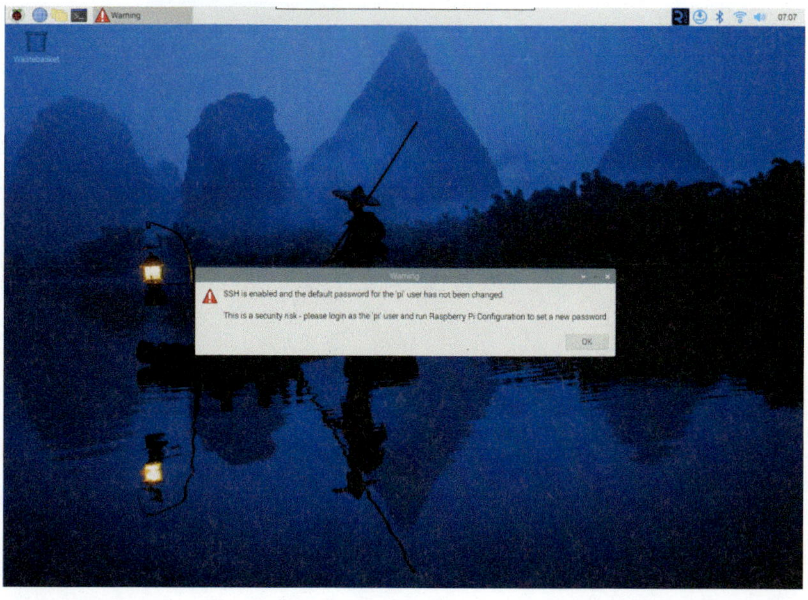

7 Thonny (Python 개발 툴인 Thonny-Python IDE)

Thonny는 Python을 사용하여 다양한 응용 프로그램을 만들 수 있는 오픈 소스 통합 개발 환경(IDE)이다. 특히 Thonny는 가볍고 빠른 환경을 제공한다.

또한 설치와 사용이 간단하고 복잡한 설정이 없이 Python 코드를 작성하고 실행할 수 있는 장점을 갖고 있다. Thonny의 추가 기능으로는 단계별 실행, 변수 추적, 디버깅이 있다. Thonny는 가상 환경을 지원한다.

① open applications menu(베리 모양) 클릭한다.
② programming 클릭한다.
③ Thonny 클릭하면 다음과 같은 창이 열린다.
(라즈베리 파이에 기본적으로 파이썬이 설치되어 있다. 단점으로는 사용자 라이브러리를 추가할 수가 없으며 가상 환경을 구축한다.)

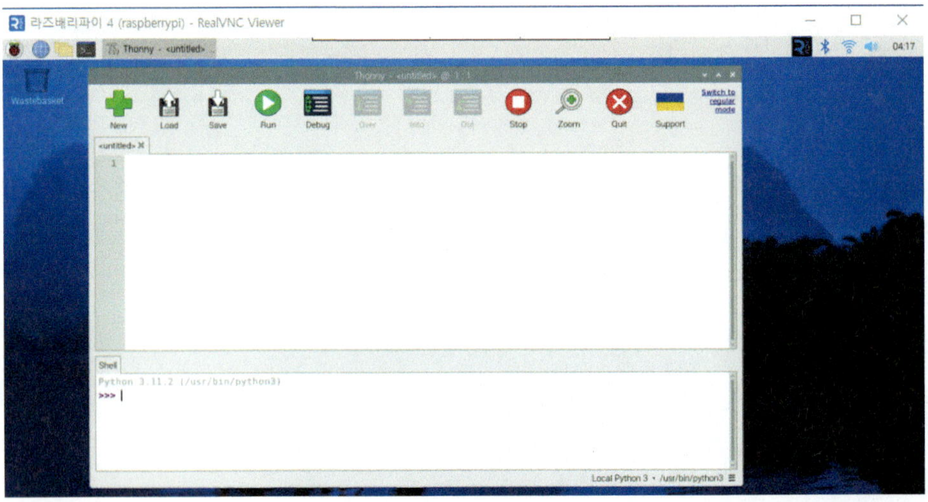

여기서 프로그램을 다음과 같이 실행하여 본다.

```
print( 'korea' )
```

run을 하면 korea가 출력되는 것을 알 수 있다.

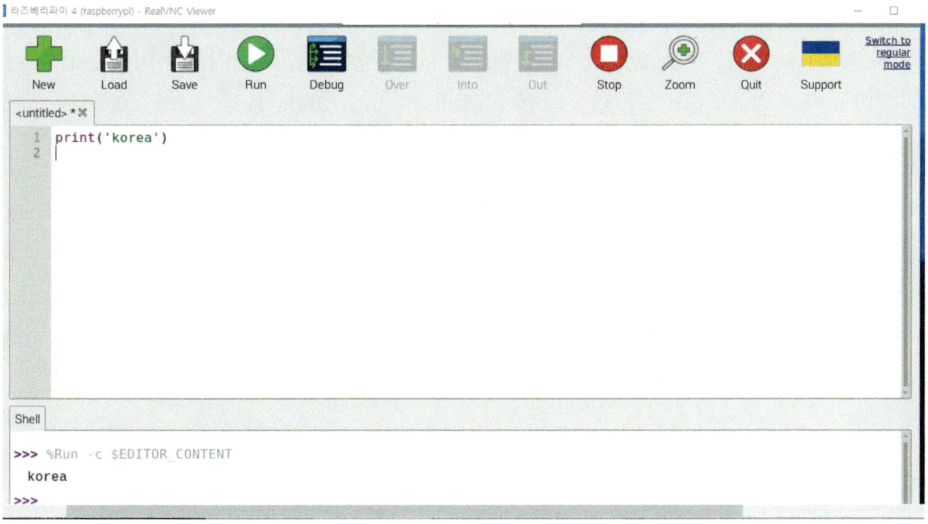

1) Python의 가상 환경(Virtual Environment) 구축하는 방법

– 가상 환경(Virtual Environment)을 사용하는 이유

① 파이썬을 사용하면 서로 다른 여러 가지의 패키지를 설치한다. 그러나 패키지 사이에 의존성이 있는 경우에는 패키지 버전이 달라서 에러가 발생한다. 따라서 가상 환경을 사용하면 각 프로젝트에 패키지를 격리하여 설치하고 다른 프로젝트와 패키지 충돌을 방지한다.
② 독립된 환경에서 파이썬을 이용하므로 가상 환경이 필요하다. 즉 가상 환경은 파이썬 패키지를 분리된 환경에서 실행한다.
③ 시스템 오염 방지를 할 수 있다.
④ 동일한 환경에서 쉽게 복제할 수 있으므로 이식성이 높다.
⑤ 개발 환경 표준화로 협업이 용이하다.
⑥ 가상 환경은 사용자 공간에 설치가 된다. 그러므로 관리자 권한이 필요 없다.
⑦ 가상 환경 라이브러리

1) venv

venv는 파이썬에 내장되어 있는 가상 환경 라이브러리이다. 따라서 venv는 별도의 설치 없이 사용 할 수 있다. 즉 파이썬의 표준 라이브러리이다. Virtualenv(가상 환경)의 어느 한 부분을 가져와서 만든 모듈이다.

2) Virtualenv (가상 환경)

파이썬의 표준 라이브러리가 아니므로 별도의 설치가 반드시 필요하다. 파이썬2에서도 사용이 가능하고 venv보다 기능이 많다.

3) pipenv

pipenv는 pip와 virtualenv의 기능을 모두 사용할 수 있는 가상 환경 라이브러리로 pipfile과 pipfile.lock가 있다. 여기에 lock가 있으므로 안전하게 버전을 관리할 수 있다. 파이썬에서 가장 많이 사용된다. 속도가 느린 것이 가장 큰 단점이다.

4) pyenv

pyenv는 파이썬 버전을 다르게 가상 환경을 생성하고자 한다. 이때 이미 설치되어있는 버전만 가능하다.

(1) 라즈베리 4(raspberrypi)-RealVNC Viewer에서 File Manager 클릭하여 폴더 하나를 만든다.

① 마우스 오른쪽을 클릭한다.

② New Folder 클릭하면 다음과 같은 화면이 나타난다.

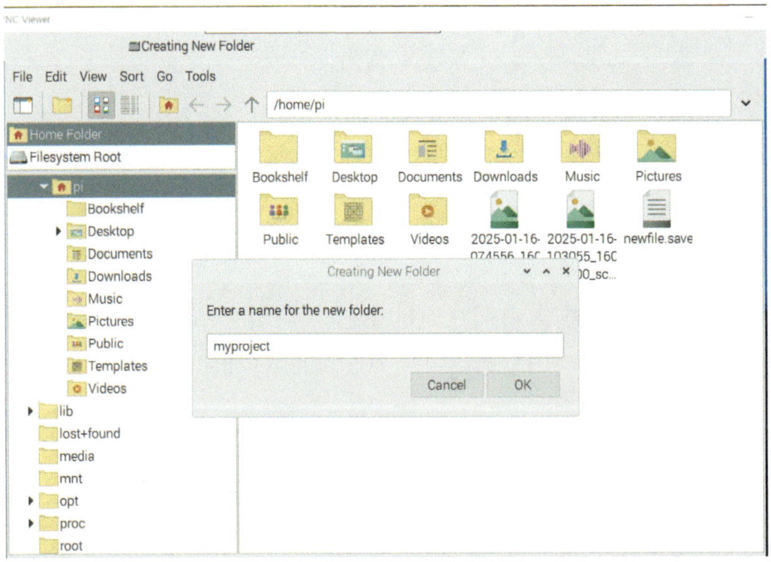

③ Enter a name for the new folder에서 myproject로 설정하고 OK를 클릭하면 다음과 같은 화면이 나타난다.

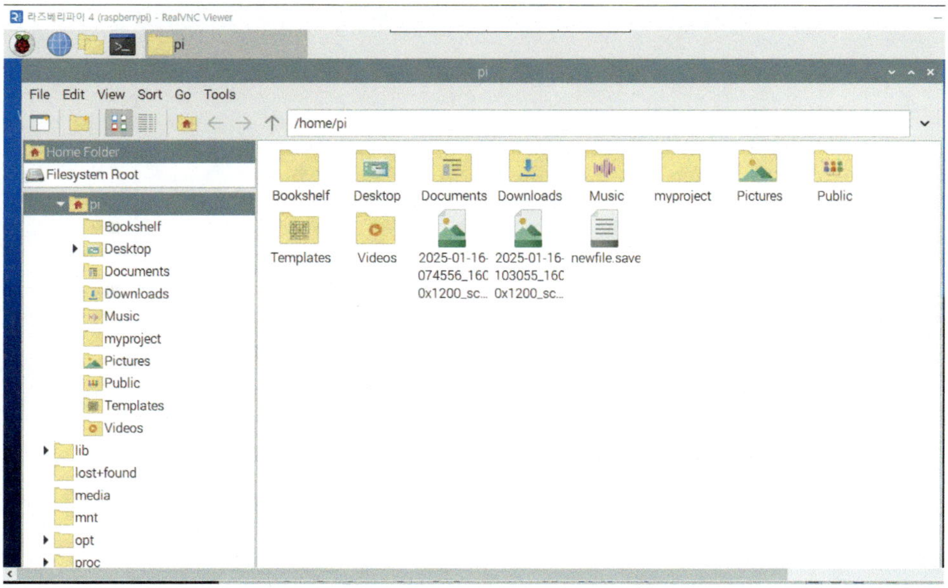

④ myproject folder에서 또 하나의 folder를 만든다. 여기서 folder 이름은 env로 한다. env는 가상 환경에서 많이 사용되며 env에서 가상 파이썬을 설치한다.

– env
1. env 파일은 환경 변수를 설정하는 파일이다.
2. 데이터베이스 연결정보, API 키 등 애플리케이션의 구성과 여기에 관련된 정보를 저장한다.
3. env 파일은 텍스트 파일로 저장된다.
4. 각 줄에는 설정값을 저장한다.
5. 환경 변수를 쉽게 관리할 수 있다.
6. 파일을 만드는 방법은 원하는 폴더에 .env 파일을 만들면 된다.

⑤ myproject folder에서 오른쪽 마우스 클릭하여 env folder를 만든다.

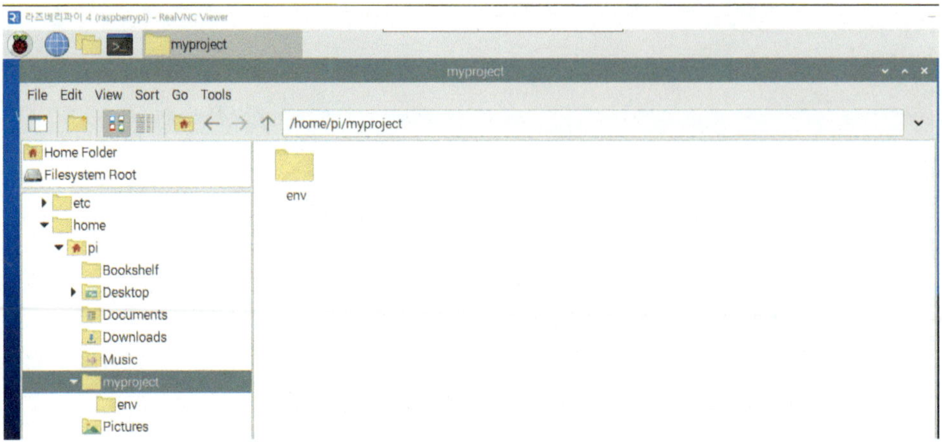

⑥ myproject folder에서 오른쪽 마우스 클릭하고 Open in Terminal을 클릭한다.

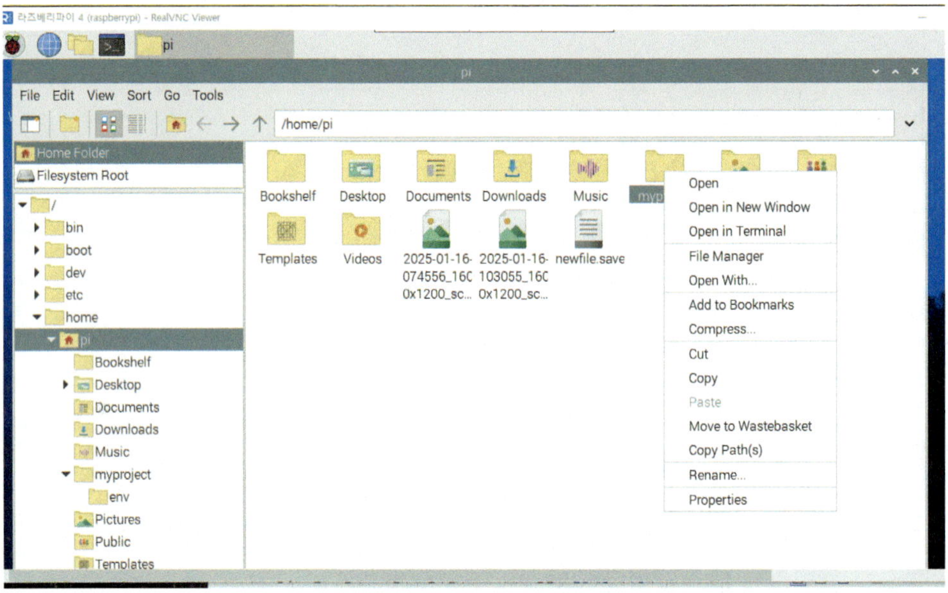

⑦ Open in Terminal을 클릭하면 다음과 같은 창이 열린다.

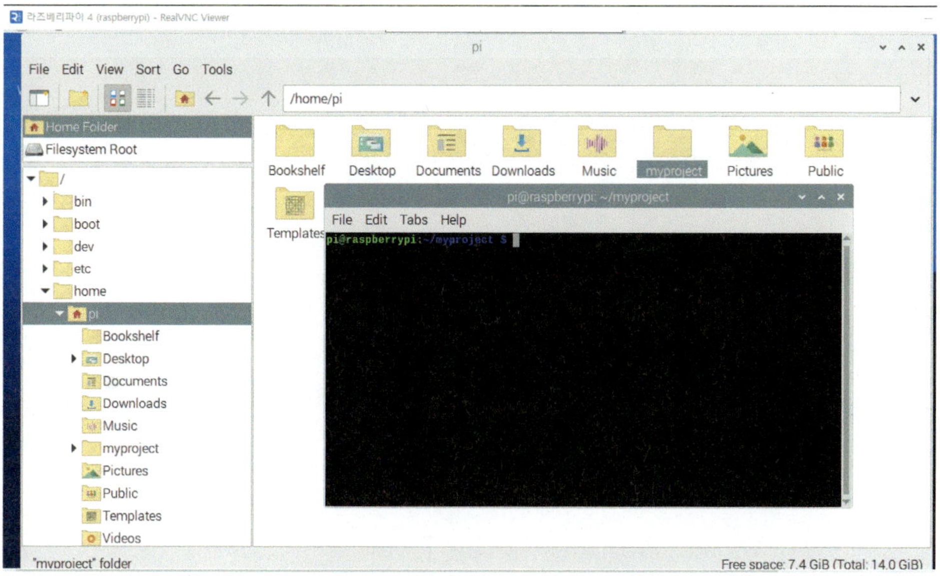

⑧ pi@raspberrypi:~/myproject $에 python ¬m venv —system-site -packages env를 입력하고 Enter 한다.

(python ¬m venv · · · · · env은 env 폴더 안에 파이썬 가상 환경을 설치하는 명령으로 --system-site-packages는 system site packages 것은 기존에 설치된 시스템 파일까지 같이 복사해서 파일을 만들어 내는 것을 말한다.

이것이 있어야 파일의 제어가 가능하다. (라즈베리 파이에만 설치됨))

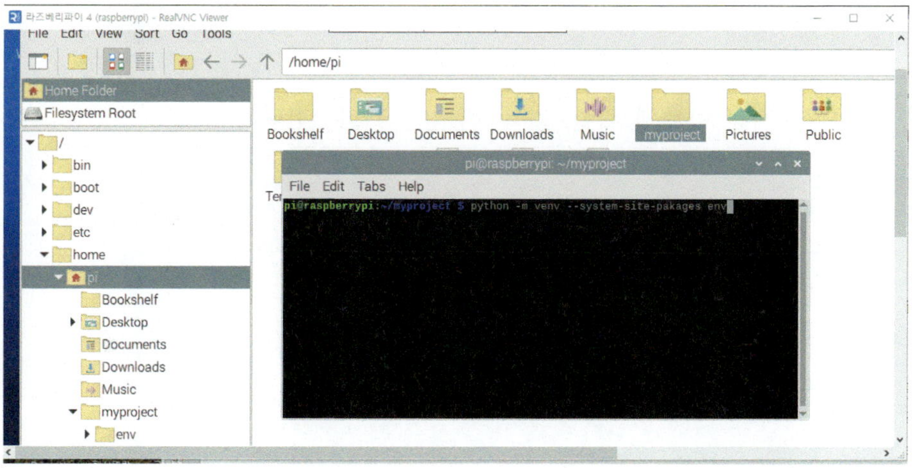

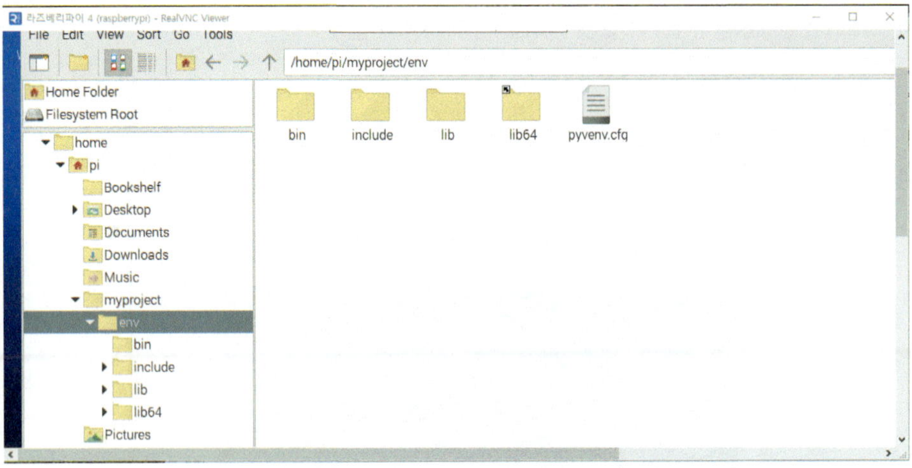

2) Python Program을 변환시키는 방법

① 라즈베리 아이콘에서 Thonny Program을 클릭한다.

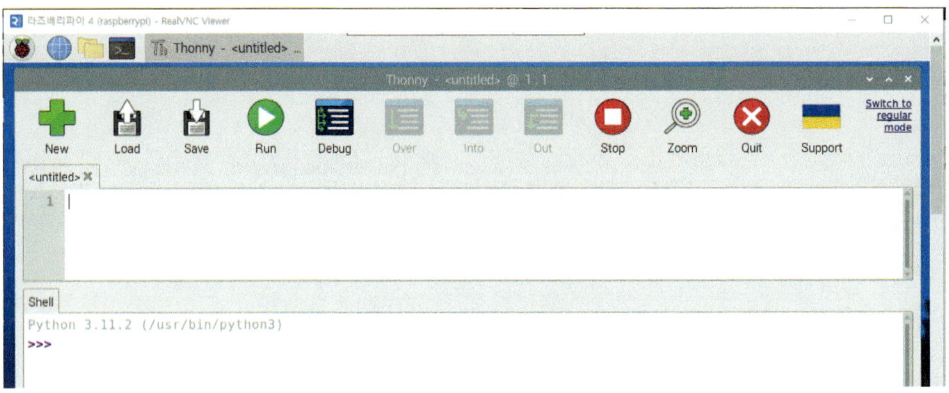

② Thonny의 화면에서 제일 아래에 있는 Local Python 3 클릭한다.

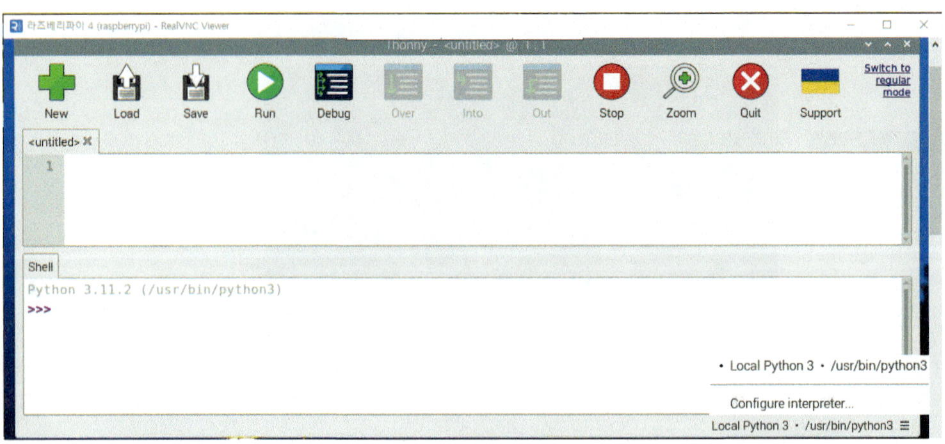

③ Local Python 3를 클릭하고 Configure interperter를 클릭하면 다음과 같은 창이 열린다.

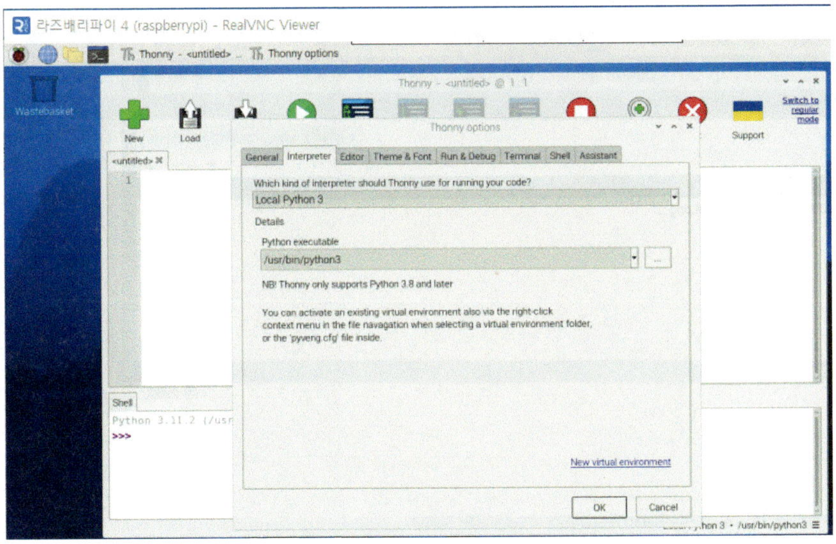

④ Interpreter를 클릭한다.

점 점 점을 클릭한다.

⑤ 점 점 점을 클릭하면 다음과 같이 나타난다.

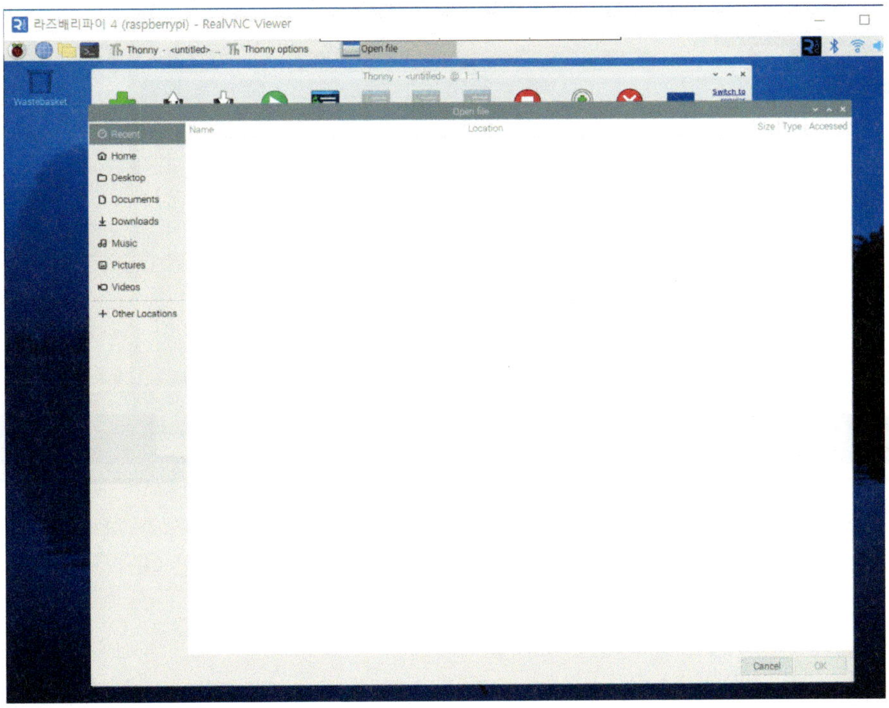

4) 가상 라이브러리 설치

① 아래의 창에서 Tools를 클릭한다.

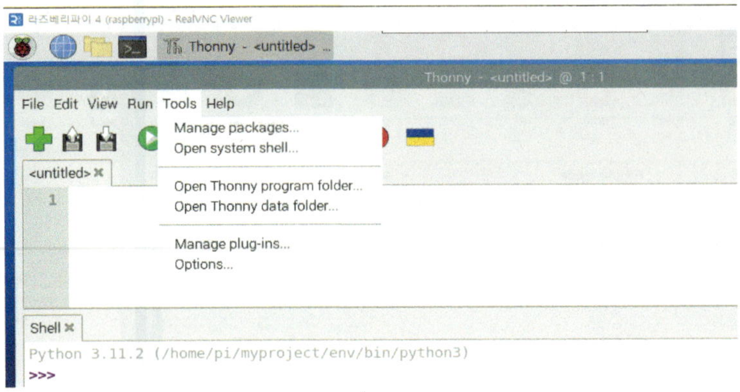

② Open system shell을 클릭하면 다음과 같은 창이 열린다.

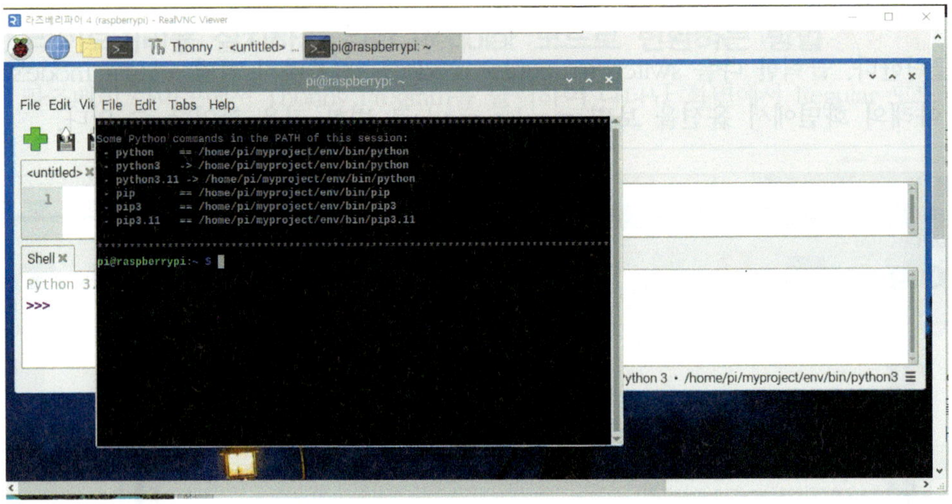

③ 여기에 라이브러리를 설치하는 명령을 주면 내가 만든 가상 환경에 라이브러리가 설치된다. 따라서 pip를 판다스, opencv 등 이러한 라이브러리들을 여기에 설치하면 된다. 이제 실제 내가 만든 가상 환경으로 설치가 된다.

파이썬 가상 환경 종류

파이썬 가상 환경에는 표준 라이브러리와 비표준 라이브러리가 있다.
표준 라이브러리는 별도의 설치 없이 사용한다.
비표준 라이브러리는 별도로 설치를 하여야 사용할 수 있다.

1. 표준 라이브러리

pyvenv, venv가 있다. 여기서 pyvenv는 파이썬 3.3에서 추가되었으나 파이썬 3.8에서는 제거되었다. venv는 파이썬 3.3부터 사용이 가능한 가상 환경 라이브러리이다.

2. 비표준 라이브러리

virtualenv, pyenv, pyenv-virtualenv, virtualenvwrapper, pipenv, pyenv-virtualenvwrapper가 있다. virtualenv 파이썬 2, 3을 지원한다.
pyenv 파이썬 버전 관리를 제공하지만 Windows는 지원하지 않는다.
virtualenv와 pyenv를 동시에 사용할 수 있다. pipenv는 pipfile, pip, virtualenv를 하나의 커맨드로 실행할 수 있도록 한다.

– pip 설치가 되어 있지 않을 경우 아래에 있는 것을 설치하면 된다.

1. sudo easy_install pip는 pip 설치하는 것이다.
2. pip --version은 pip 버전 확인이다.

– pip에 사용되는 명령어

1. pip 업그레이드는 pip install pip --upgrade이다.
2. 3.0.0 버전 패키지를 설치하는 것은 pip install '패키지~=3.0.0이다.
3. 패키지를 설치하는 것은 pip install 패키지이다.
4. 패키지를 삭제하는 것은 pip uninstall 패키지이다.
5. 설치된 pip 버전을 확인하는 것은 pip --version이다.
6. 설치된 패키지 확인하는 것은 pip freeze이다.
7. requirements.txt에 설치된 패키지 출력은 pip freeze 〉 requirements.txt이다.
8. requirements.txt에 기록된 패키지 설치는 pip install –r requirements.txt이다.
9. 패키지 목록 확인은 pip list이다.

8 한글 설정하는 방법

한글로 설정하기 위해서 라이브러리를 최신 버전으로 Upgrade한다.

1) 라이브러리를 최신 버전으로 Upgrade하는 방법

(1) 글자 크기 설정

① Terminal 아이콘을 클릭한다.

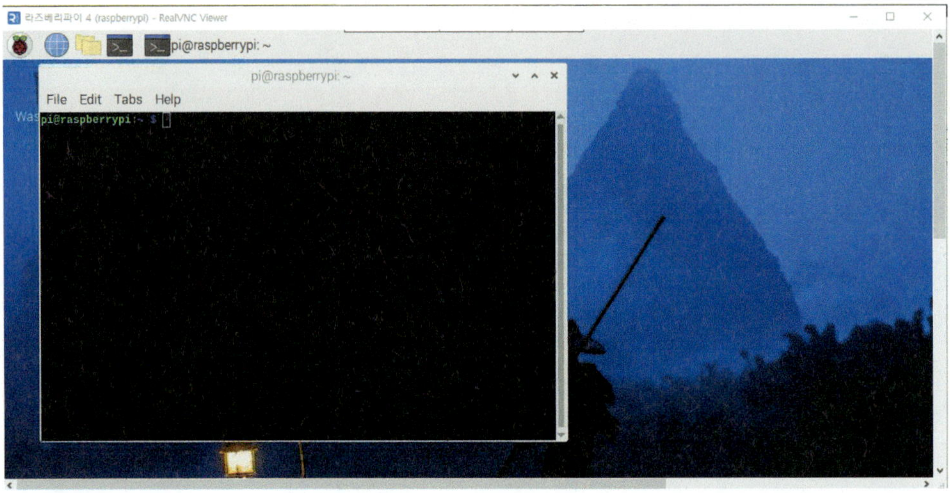

② Edit을 클릭하면 다음과 같다.

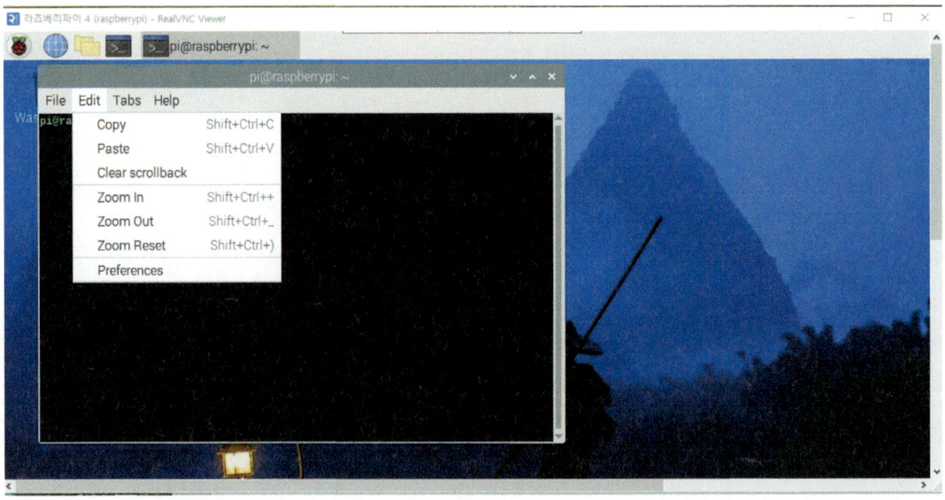

③ Preferences를 클릭하면 다음과 같은 창이 열린다.

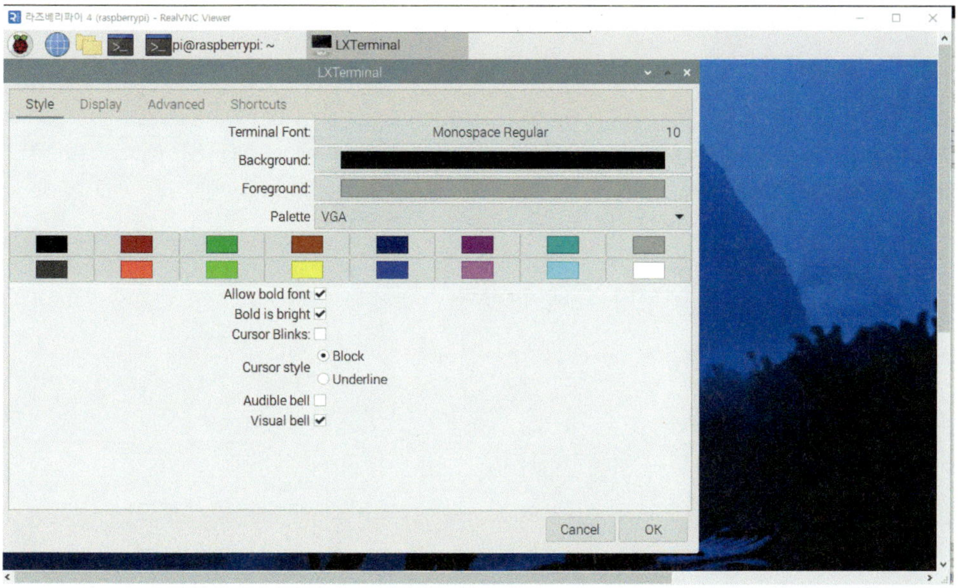

④ Style에서 Terminal Font는 글의 종류와 글자 크기를 선택한다. 즉 글자의 크기, 글자의 종류를 선택할 수 있다. 글자의 크기, 글자의 종류를 선택을 완료한 다음 select 클릭한다. Style에서는 글자의 크기, 종류 색상 등을 선택할 수 있다.

⑤ OK을 클릭하면 다음과 같은 창이 열린다.

⑥ 이 창에서 upgrade를 한다.

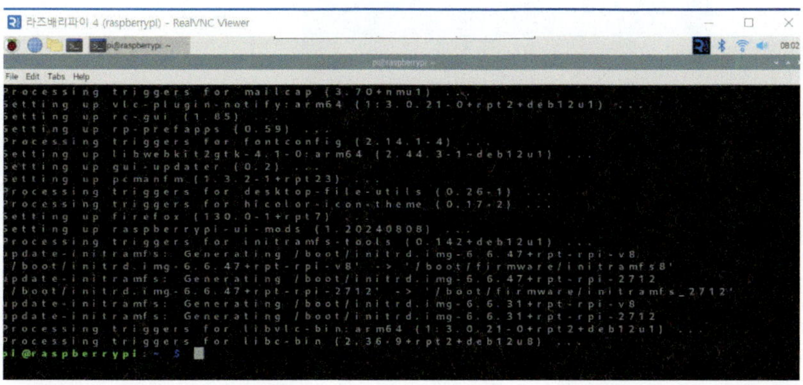

⑦ 여기서 sudo apt update Enter하면 update는 가능하다. 그러나 전체 update는 되지 않는다. 따라서 패캐지 의존성까지 upgrade 하기 위해서 sudo apt upgrade 입력 후 y 또는 Enter를 치면 된다.

⑧ pi @raspberry:~$ sudo apt upgrade하고 Enter 한다. upgrade 하는 시간이 10~25분 정도 걸린다.

⑨ upgrade가 완료되면 반드시 재부팅을 해야 한다.
⑩ 재부팅 한다.

재부팅 하는 방법

1. 블루베리 아이콘에서 shutdown 하면 재부팅이 된다.
2. 현재 Terminal 창이 열려 있으므로 창에 sudo reboot 입력하여 재부팅 한다.

2) 한글로 설정하는 방법

(1) 블루베리 아이콘에서 preferences 클릭한다.

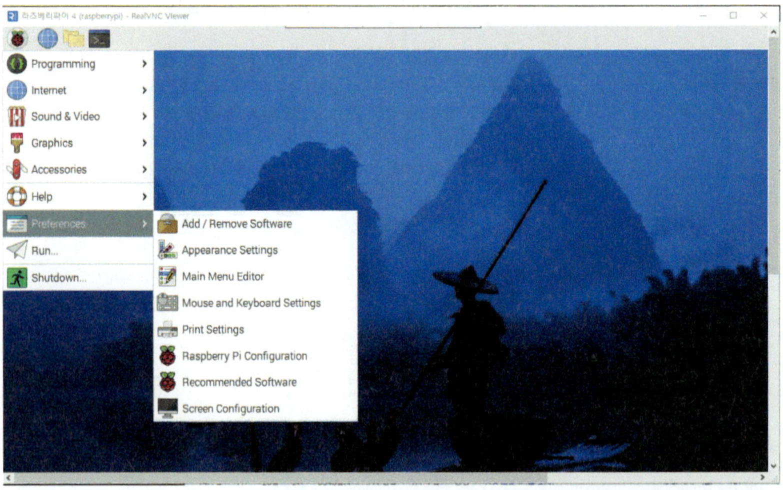

(2) raspberry Pi configuration을 클릭하면 다음과 같은 창이 열린다.

이 창에서 라즈베리 파이 운영체제의 전체적인 설정을 할 수 있다.

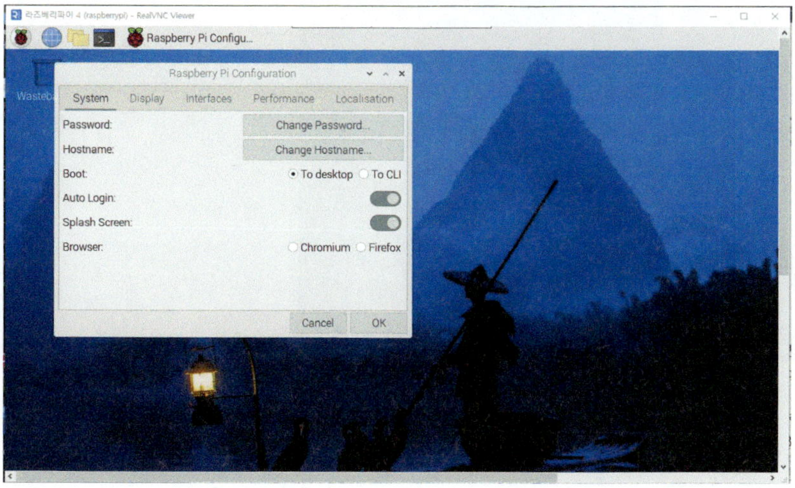

(3) system 탭을 클릭한다. system 탭에서는 암호변경, 호스트 네임 변경, 부팅 후 시작 화면 등을 설정할 수 있다.

① Password는 비밀번호를 변경할 수 있다.

② Hostname를 변경할 수 있다.

③ Boot는 TO Desktop 클릭한다.

④ Auto Login은 현재 상태로 둔다.

⑤ Splash Screen은 현재 상태로 둔다.

⑥ Browser은 Chromum을 체크한다.

(4) interfaces 탭을 클릭한다. 다음을 설정할 수 있다.

① Camera : 카메라 연결

② SSH : 원격 접속을 할 때 암호화 메시지를 전송한다.

③ VNC : VNC (그래픽 원격 접속)을 선택한다.

④ SPI : SPI GPIO 핀을 활성화한다.

⑤ I2C : I2C GPIO 핀을 활성화한다.

⑥ Serial : Serial(Rx, Tx) GPIO 핀을 활성화한다.

⑦ 1-Wire : 1 Wire GPIO 핀을 활성화한다.

⑧ Remote Gpio : 네트워크상에서 원격제어를 선택한다.

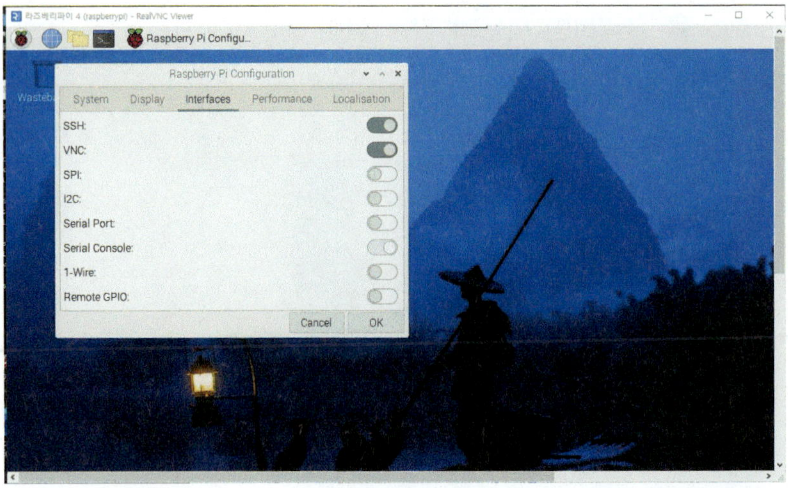

(5) Performance 클릭하고 Overlay File System에서 configuration 클릭한다.

클릭한 후 다음과 같이 설정하고 OK를 클릭한다.

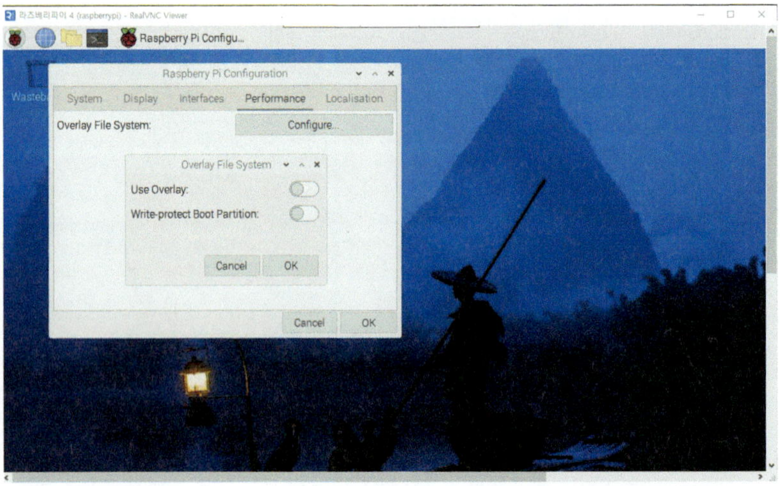

(6) Localisation은 지역과 시간을 설정하는 곳이다.

① Locale에서 set Locale 클릭한다.

Language를 Ko(Korean), Countrys는 KR(South Korean), Character set을 UTF-8로 설정이 완료되면 OK를 클릭한다.

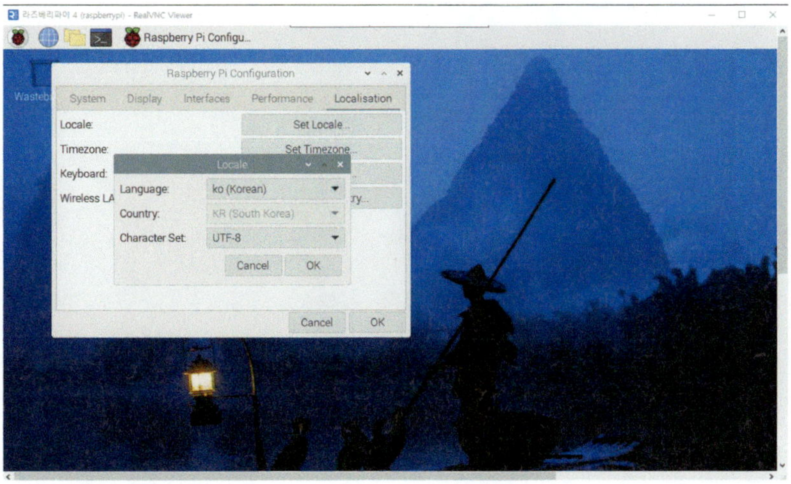

② Timezone에서 set Timezone을 클릭한다.

set Timezone에서 Area : Asia, Location : Seoul로 하고 설정이 완료되면 OK를 클릭한다. 여기서 서버 시간은 서울로 설정을 하여도 관계가 없다.

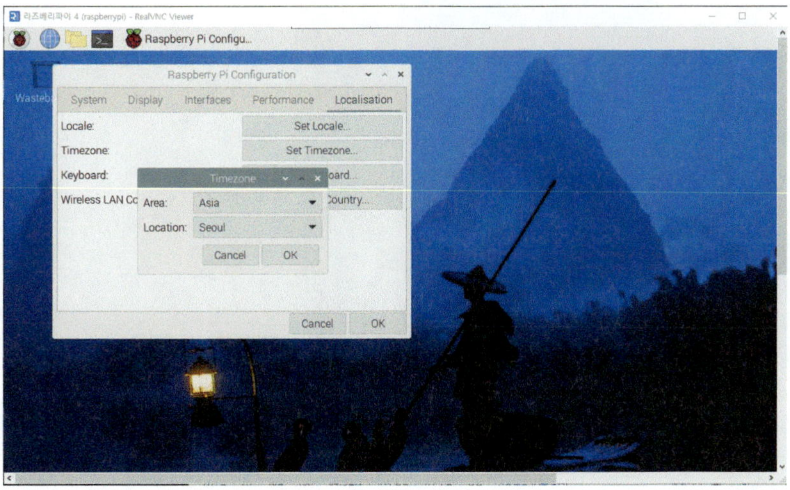

③ keyboard를 클릭하여 현재 사용 중인 키보드를 선택한다.

keyboard에서 Model : Generic 105-key PC(intl.), Layout : Korean, variant : Korean으로 설정한다. 설정이 완료되면 OK를 클릭한다.

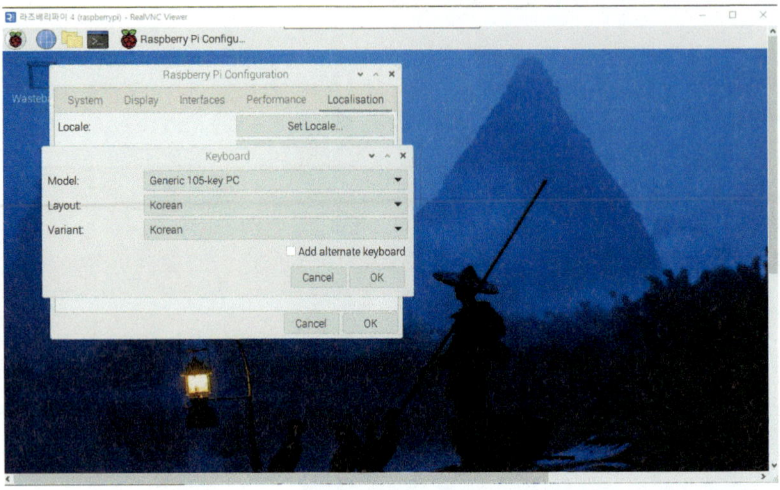

④ Wireless LAN Country를 클릭한다. set WLAN Country를 클릭한다. Country를 KR Korean(South)으로 설정하고 설정이 완료되면 OK 클릭한다.

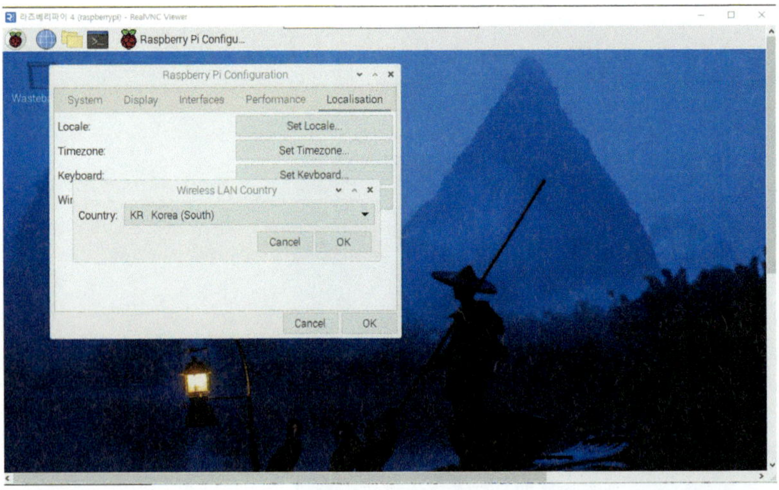

(7) OK를 클릭하면 재부팅 할 것인지 물어본다. Yes를 눌러 재부팅을 한다.

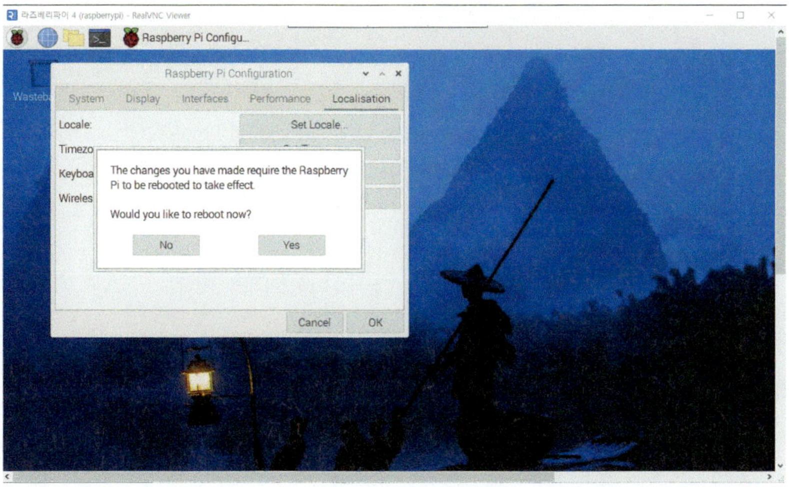

(8) 재부팅이 완료되면 아래의 글을 보면 깨진 것을 볼 수 있다.

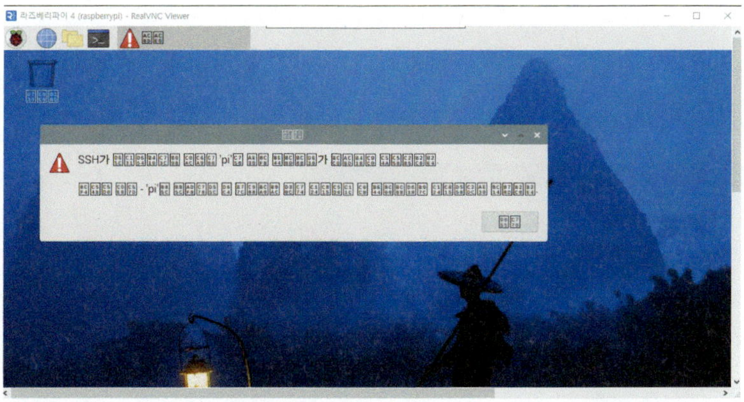

(9) 깨진 한글을 바로하기 위한 방법

① 깨진 글을 바로 하기 위해서 Terminal을 클릭한다.

② Terminal을 클릭하면 다음과 같은 창이 나타난다. 이 창에 pi@raspberrypi에 sudo apt install ibus ibus-hangul Enter 한다.

(진행을 계속하면 글자가 깨져서 나타난다. 글자가 깨져서 나타나도 계속해서 진행한다.)

한글 입력기 설치하는 방법

1. 다음의 명령어를 사용하여 한글을 설치한다.

$ sudo apt-get install ibus, $ sudo apt-get install ibus-hangul,
$ sudo apt-get install fonts-unfonts-core을 사용하는 방법

1) Terminal을 클릭하여 $ sudo apt-get install ibus 입력하고 Enter한다.

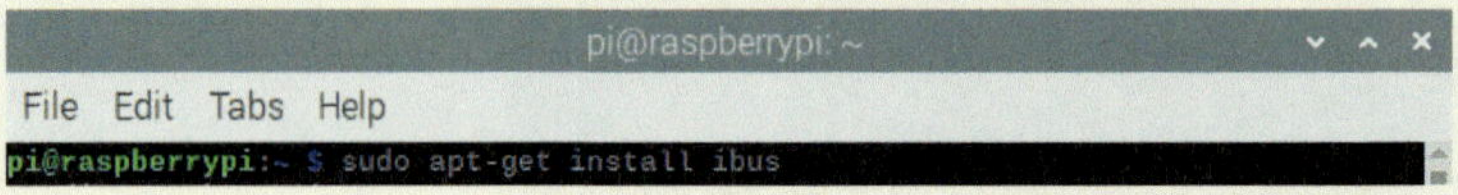

2) $ sudo apt-get install ibus-hangul 입력하고 Enter 한다.

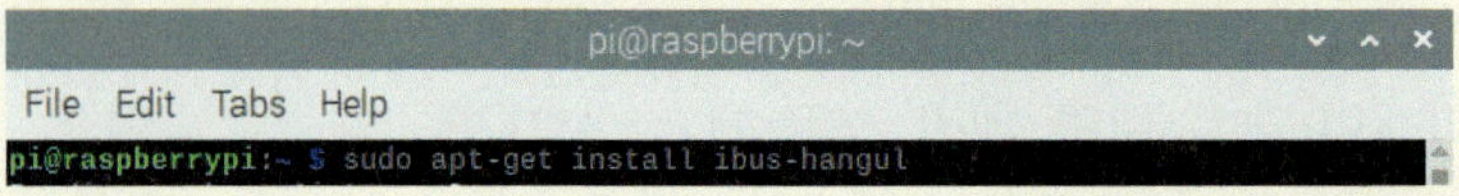

3) $ sudo apt-get install fonts-unfonts-core 입력하고 Enter 한다.

2. 다음의 명령어를 사용하여 한글을 설치한다.

$ sudo apt install fonts-nanum, $ sudo apt install ibus-hangul

을 사용하는 방법

1) $ sudo apt install fonts-nanum 입력하고 Enter 한다.

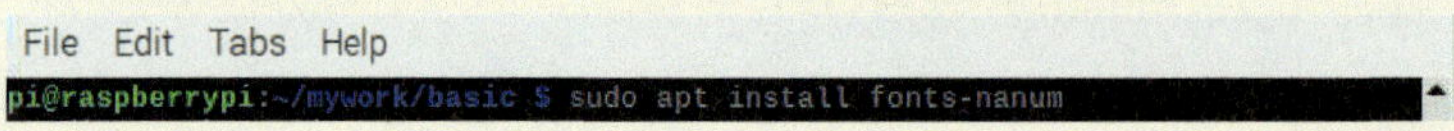

2) $ sudo apt install ibus-hangul 입력하고 Enter 한다.

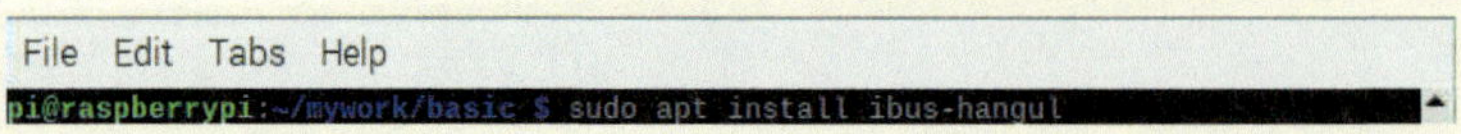

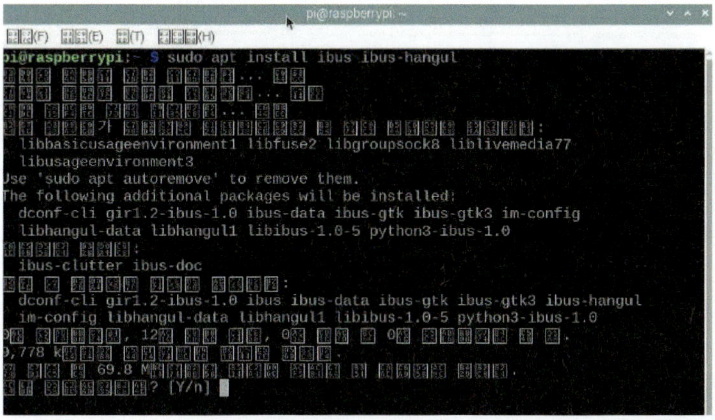

③ 현재에서 Y를 입력하고 Enter 한다.

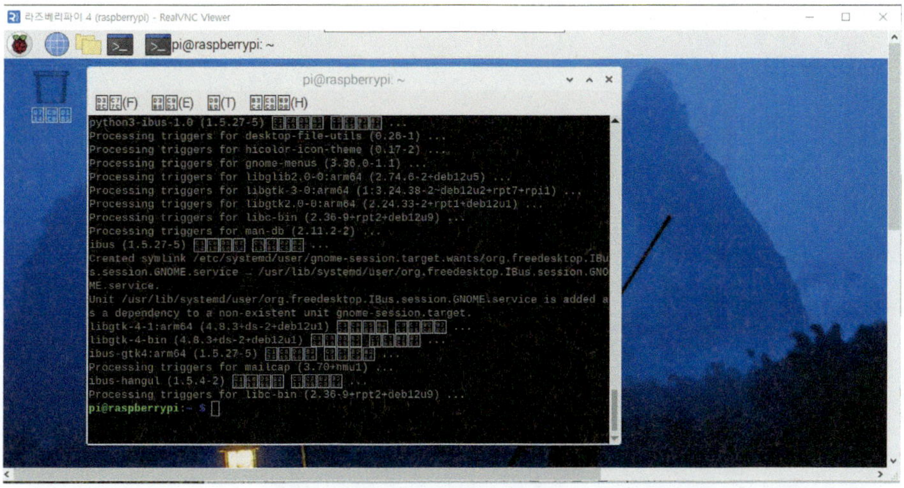

④ 현 상태의 글자를 보면 글자가 깨진 상태로 나타난다. 글자가 깨진 것을 바로잡기 위하여 sudo apt install fonts-nanum fonts-unfonts-core Enter 한다. 완료된 후에는 반드시 재부팅을 해야 한다.

⑤ sudo reboot Enter 한다. 재부팅 후 글자를 확인하면 한글이 정상으로 나타나는 것을 알 수 있다.

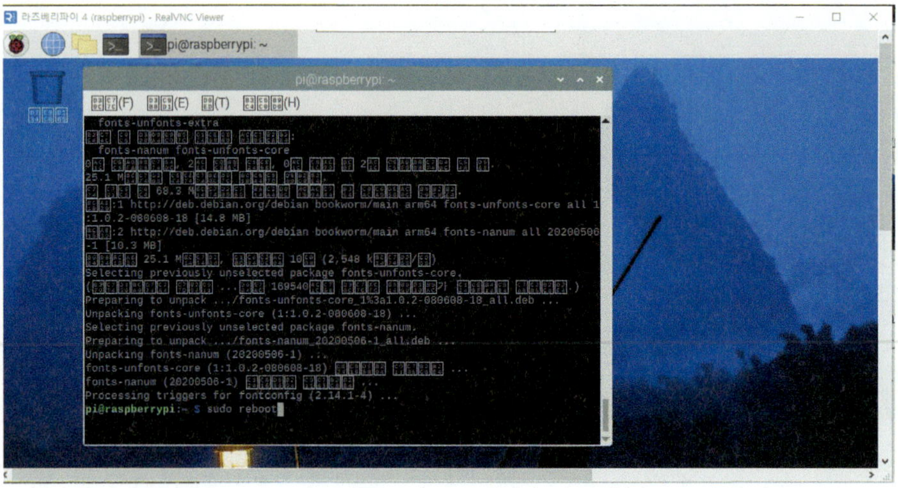

⑥ MENU를 클릭하면 한글로 변한 것을 알 수 있다.

⑦ 웹 브라우저를 클릭하면 인터넷 창이 열린다. 여기서 naver로 바꾸어서 검색 창에 한글을 타이핑 하면 한글이 나타나지 않는다.
한글로 변환하여 사용하는 방법은 다음과 같다.

창에서 오른쪽 맨 위  클릭하면 태극 무늬로 변한다. 이 태극 무늬를 클릭하여 한국어 hangul 선택하면 한글로 변한다.

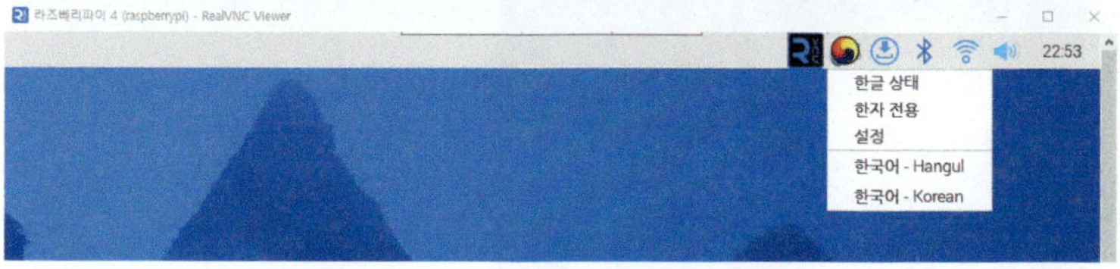

⑥ 한글 입력 설정 확인한다.

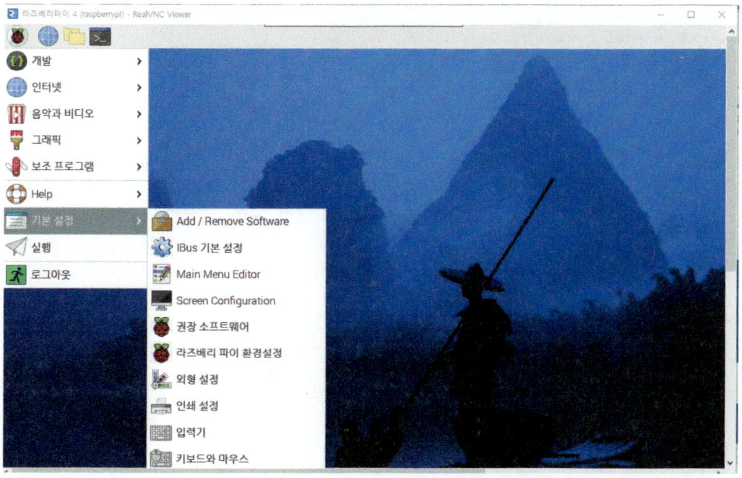

9 와이파이 환경 설정

첫 화면에서 ID와 PW를 입력한다. ID는 pi, PW는 raspberry이다.

여기서 ID와 PW를 변경할 수가 있으며 변경을 원하지 않는 경우는 현재 상태로 사용을 할 수 있다. 와이파이 네트워크에 인증이 필요하다. 라는 창이 나타난다. 와이파이로 연결하는 경우에는 와이파이 PW를 입력하여 와이파이로 사용 할 수 있다. 아래의 화면은 와이파이가 연결되어 있다.

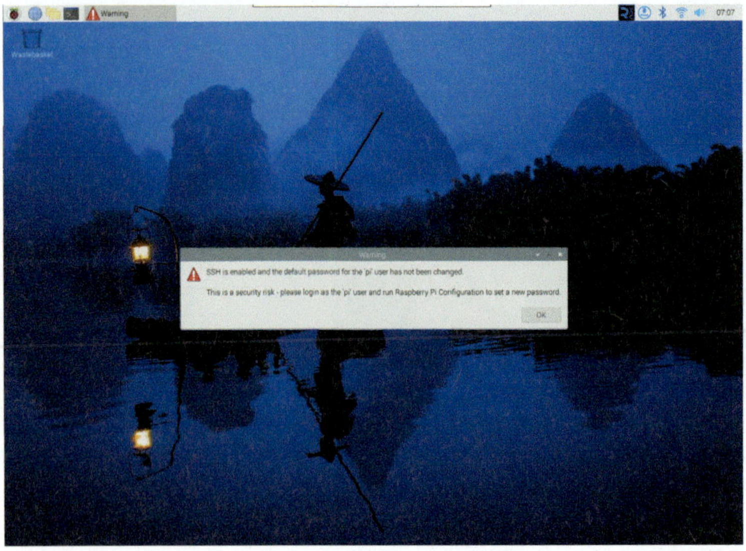

– 환경 설정을 위한 프로그램을 실행하는 방법

(1) 블루베리 아이콘에서 preferences 클릭한다.

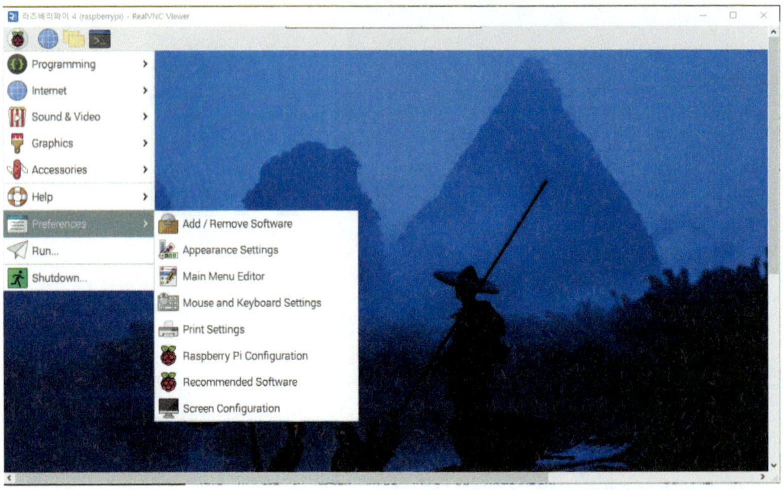

(2) raspberry Pi configuration을 클릭하면 다음과 같은 창이 열린다. 이 창에서 라즈베리 파이 운영체제의 전체적인 설정을 할 수 있다.

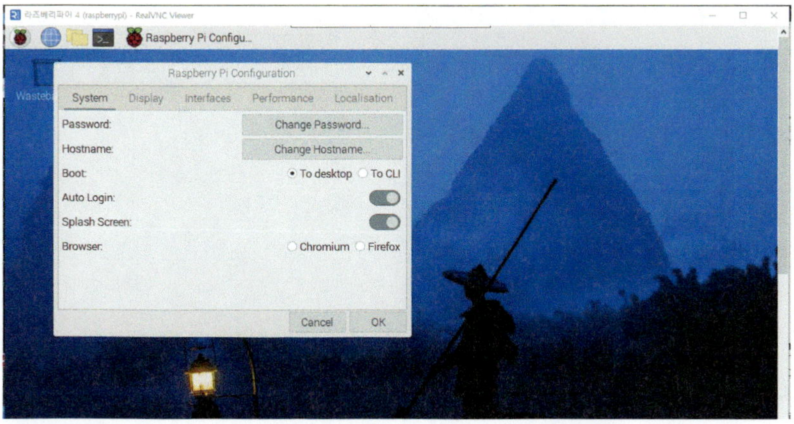

(3) system 탭을 클릭한다. system 탭에서는 암호변경, 호스트 네임 변경, 부팅 후 시작 화면 등을 설정할 수 있다.

(4) interfaces 탭을 클릭한다. 다음과 같이 설정한다. 설정이 완료되면 OK 클릭한다.

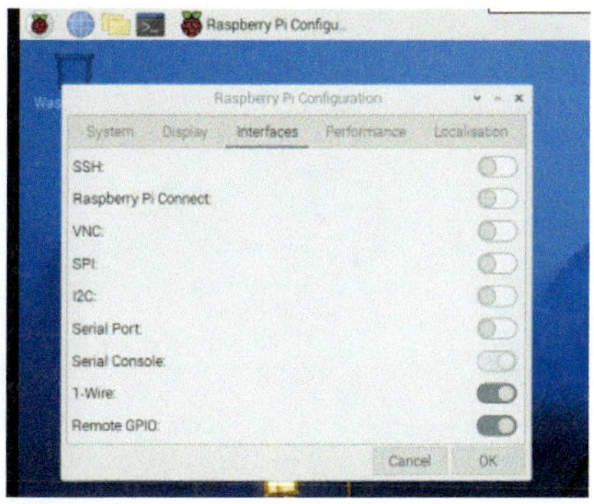

(5) Performance에서 Overlay File System에서 configuration 클릭하여 다음과 같이 설정한다. 설정이 완료되면 OK 클릭한다.

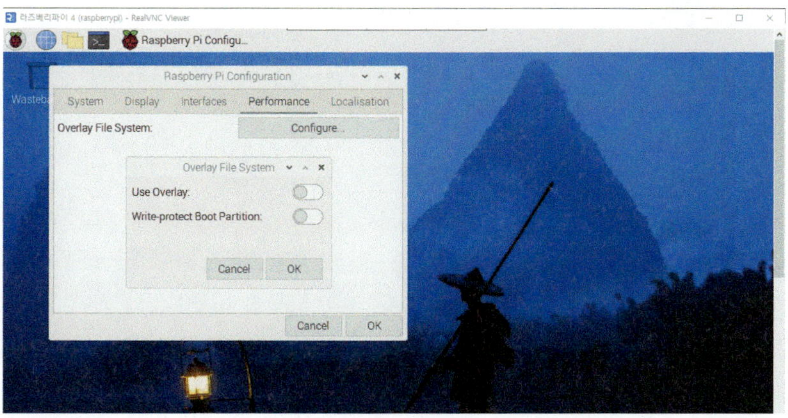

(6) Localization에서 Locale에서 Set Locale 클릭하여 Language는 en(English), Country는 GB(United Kingdom), Character에서 Set는 UTF-8로 설정한다.

설정이 완료되면 Timezone에서 Set Timezone 클릭하여 Area는 Asia, Location은 Seoul로 하고 설정한다. 설정이 완료되면 Keyboard에서 Set Keyboard 클릭하여 현재 사용 중인 키보드를 선택한다. keyboard에서 Model은 Generic 105-key PC(intl.), Layout은 Korean, variant는 Korean으로 설정한다. Keyboard 설정이 완료되면 Wireless LAN Country에서 Set Wireless LAN Country 클릭하여 Country를 KR로 설정하고 설정이 완료되면 OK 클릭한다. 이렇게 설정이 완료되면 반드시 재부팅을 한다.

10 라즈베리파이를 키보드, 마우스 모니터 연결하여 사용하는 방법

1) 라즈베리파이를 키보드, 마우스 모니터 연결

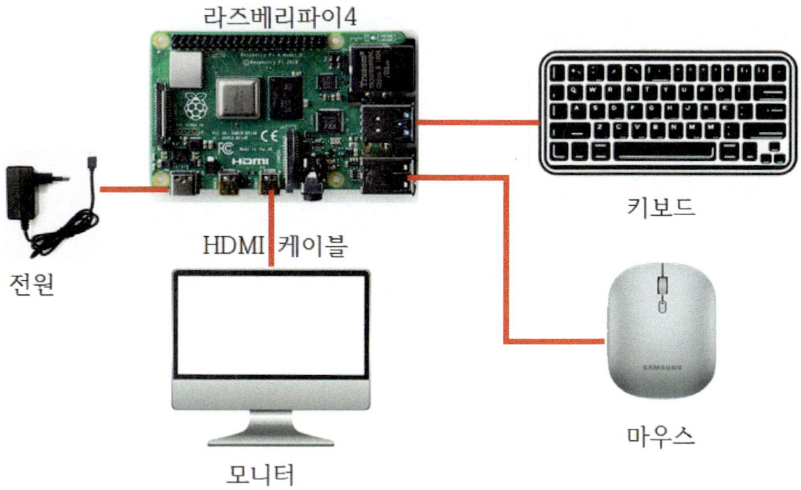

2) 라즈베리파이를 원격으로 연결

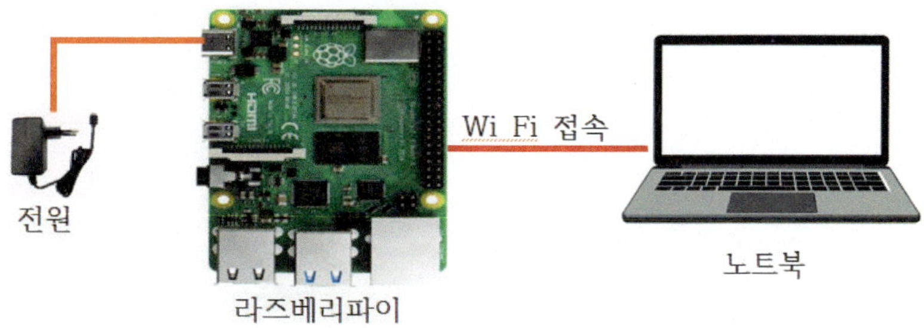

CHAPTER

02 GPIO 일반

RaspberryPi

1 GPIO(General Purpose Input Output, 범용 입출력 핀)

General Purpose은 범용이란 뜻으로 여러 용도로 사용이 가능하다는 것을 말하며, 외부 장치를 제어하고 통신하기 위하여 사용된다. 라즈베리파이에서 사용되는 3.3[V], 5[V]의 전압을 공급하는 핀과 접지 핀이 있다. 그리고 GPIO에 따라 변화되는 특수 목적으로 사용되는 핀도 있다.

1) GPIO와 PORT의 차이점

특징	GPIO	PORT
전체 양식	범용 입력과 출력	해당 없음
기능	외부 장치 제어, 모니터링	장치 간 데이터 전송
용법	MCU, 싱글 보드 컴퓨터	프린터, 모니터, 키보드 등의 컴퓨터 연결에 사용
입출력	입력과 출력 모두 사용	대부분 출력
핀 수	적은 편	많은 핀
전압 레벨	저전압	고전압
프로그램 작성	제어용 프로그램이 필요	플러그 앤 플러그
신호 처리	직접 신호 처리	컨트롤러 또는 칩셋을 통해 처리
용도	MCU, 싱글 보드 컴퓨터	USB, HDMI, VGA, 이더넷

2) GPIO 확장 보드

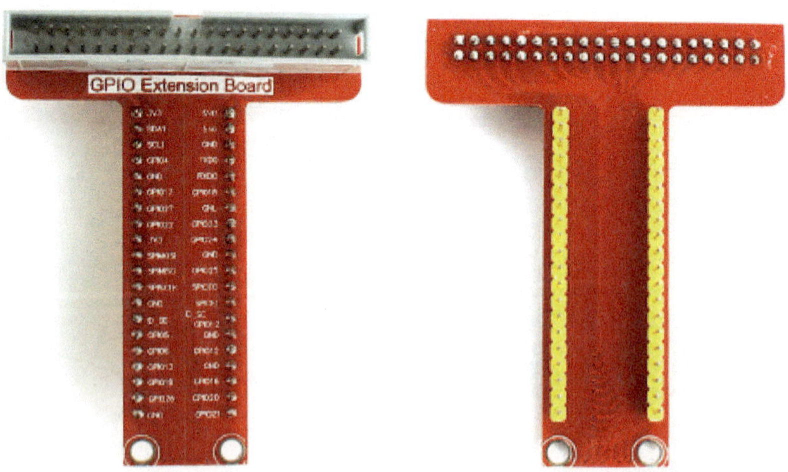

3) GPIO 핀 명칭

핀 번호	명칭	핀 번호	명칭
1	3.3[V] DC Power	2	5[V] DC Power
3	GPIO 2(SDA1, I2C)	4	5[V] DC Power
5	GPIO 3(SDL1, I2C)	6	Ground
7	GPIO 4(GPCLK0)	8	GPIO 14(TXD0, UART)
9	Ground	10	GPIO 15(RXD0, UART)
11	GPIO 17	12	GPIO 18(PWM0)
13	GPIO 27	14	Ground
15	GPIO 22	16	GPIO 23
17	3.3[V] DC Power	18	GPIO 24
19	GPIO 10(SPI0_MOSI)	20	Ground
21	GPIO 09(SPI0_MISO)	22	GPIO 25
23	GPIO 11(SPI0_CLK)	24	GPIO 08(SPI0_CS0)
25	Ground	26	GPIO 07(SPI0_CS1)
27	GPIO 00(SDA0, I2C)	28	GPIO 01(SCL0, I2C)
29	GPIO 05	30	Ground
31	GPIO 06	32	GPIO 12(PWM0)
33	GPIO 13(PMW1)	34	Ground
35	GPIO 19	36	GPIO 16
37	GPIO 26	38	GPIO 20
39	Ground	40	GPIO 21

4) GPIO 개요

- 입력과 출력의 신호 제어가 가능하다. 즉 입력 Mode와 출력 Mode가 있다.
  입력 Mode는 스위치, 센서 등이며, 출력 Mode는 LED, 서보 모터 등이다.
- 핀들이 외부와 인터페이스가 가능하도록 구성되어 있다.
  통신 프로토콜용으로 사용할 수 있는 I2C, SPI, UART, PWM이 있다.
- 라즈베리파이 GPIO는 DC 3.3[V]을 사용한다.
  소프트웨어를 통하여 3.3[V] 신호를 High와 Low를 제어 할 수 있다.
- GPIO 40핀 중에서 GPIO는 28핀, DC 5[V]가 2핀, DC 3.3[V]가 2핀, Ground가 8핀으로 되어있다.

2 라즈베리파이 라이브러리 설치

1) 파이썬인 경우

(1) Linux에 pip를 설치

설치하는 방법은 터미널을 클릭하고 창에 $ pip install 〈module〉 입력하고 Enter 한다. Enter한 후 에러가 발생한 것을 알 수 있다.

```
$ pip install 〈module〉
command 'pip' not found, but can be installed with:
sudo apt install python-pip
```

Linux 환경에서 pip를 이용하여 파이썬 모듈을 설치하면 에러가 발생하는 경우가 발생한다. 그 이유는 버전이 서로 다르기 때문이다.

그래서 터미널 창에 $ sudo apt install python-pip -y를 입력하면 설치가 완료된다. 여기서 반드시 버전 확인을 해야 한다.

예를 들어 파이썬 3.11을 사용 시에는 pip가 파이썬 3.10 버전이라면 pip를 통하여 어떠한 것을 설치하여도 파이썬 3.11에서는 사용할 수 없으므로 반드시 버전을 확인하고 사용하여야 한다. 버전 확인은 pip-V을 사용하여 정보를 확인이 가능하다. 따라서 버전을 확인하고 pip를 설치하면 된다.

① pip 설치 확인

Terminal을 클릭하면 다음과 같은 창이 나타난다. 이 창에 다음을 입력한다.

pi@raspberrypi에 sudo apt install

```
pi@raspberrypi:~$ sudo pip --version
sudo: pip: command not found
pi@raspberrypi:~$ sudo pip3 --version
sudo: pip3: command not found
```

이렇게 나타난다면 pip를 설치해야 한다.

② pip 설치

pi@raspberrypi:~$ sudo apt-get install python3-pip을 입력하고 Enter 하고 설치 결과를 확인하면 다음과 같다.

```
pi@raspberrypi:~$ sudo apt-get install python3-pip
```

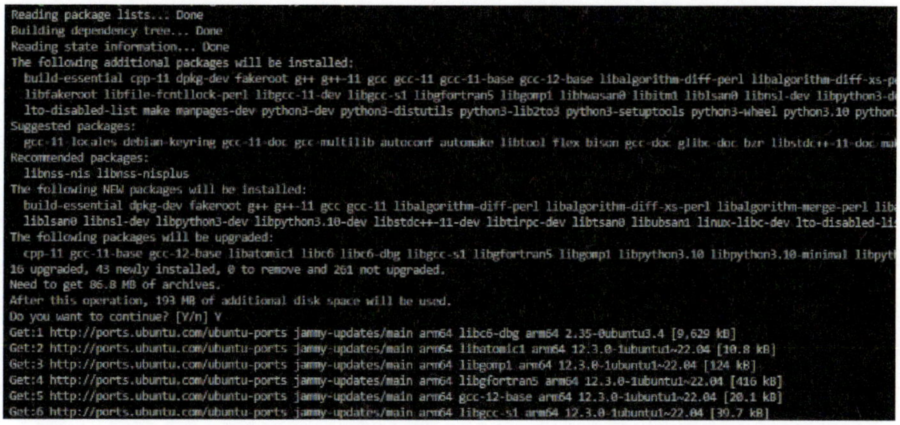

③ pip 확인하기 위해서 pi@raspberrypi:~$ pip를 입력하고 Enter 하면 다음과 같이 pip를 볼 수 있다.

```
pi@raspberrypi:~$ sudo apt-get install python3-pip
```

```
Usage:
  pip <command> [options]

Commands:
  install                     Install packages.
  download                    Download packages.
  uninstall                   Uninstall packages.
  freeze                      Output installed packages in requirements format.
  inspect                     Inspect the python environment.
  list                        List installed packages.
  show                        Show information about installed packages.
  check                       Verify installed packages have compatible dependencies.
  config                      Manage local and global configuration.
  search                      Search PyPI for packages.
  cache                       Inspect and manage pip's wheel cache.
  index                       Inspect information available from package indexes.
```

2) C언어의 경우 : 라즈베리파이 GPIO 제어(WiringPi 사용) :

WiringPi 란?

2012년에 Gordon Henderson이 개발한 라즈베리파이용 C언어 라이브러리이다.

C언어를 사용하기 위해서 반드시 WiringPi를 설치하여야 한다. 본 교재는 파이썬을 사용하므로 WiringPi를 설치하지 않는다.

CHAPTER

03

GPIO를 이용한 LED 제어

1. LED 1개 제어
2. LED 2개 제어
3. LED 3개 순차 제어
4. LED 1개를 SWTCH 1개로 제어

1 LED(Light Emitting Diode, 발광 Diode) 1개 제어

발광 Diode의 구조는 갈륨의 화합물인 갈륨비소(GaAs), 갈륨인(GaP) 등 발광하기 쉬운 성질을 가지고 있는 재료로 접합되어 있다. 순방향 전압을 걸면 전자와 정공이 재결합하여 빛을 발하며, 발광 색은 사용되는 재료에 따라서 다르며 자외선 영역에서 가시광선, 적외선 영역까지 발광하는 것을 제조하므로 여러 가지의 빛이 난다.

특징으로는 수명이 길고 소비전력이 적고 응답속도가 빠르며 여러 가지 색을 얻을 수 있다. LED의 일반적인 용도는 전구, 디스플레이, LCD 백라이트(TV, PC, 스마트폰 등), 신호등, 각종 조명 표시기 등이 있다.

1) 실습 내용

GPIO를 이용하여 LED 1개를 1초 간격으로 ON, OFF 제어하는 것으로 파이썬 프로그램을 이용하여 설계하고 실습한다. 여기서 GPIO 17번 핀을 출력으로 설정한다.

특히 LED는 양극과 음극이 있으므로 극성에 조심해야 한다.

저항기는 $\frac{1}{4}[Watt]$용을 사용한다.

2) 준비물

(1) 라즈베리파이 4와 GPIO

(2) Bread Board 실습용

(3) Bread Board에 사용되는 연결선

(4) LED : 적색, 녹색, 황색, 백색

(5) 저항기 : 220[Ω] $\frac{1}{4}[Watt]$, 300[Ω] $\frac{1}{4}[Watt]$

(6) 라즈베리파이 4에 사용되는 전원

(7) 회로 시험기

3) 회로 구성

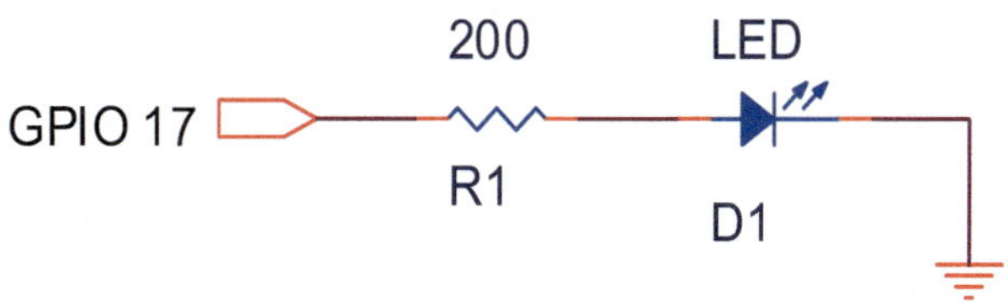

[GPIO에 연결된 회로도]

4) 파이썬 코드

```python
import RPi.GPIO as GPIO
import time

# GPIO 모드 설정
GPIO.setmode(GPIO.BCM)
# GPIO 17번 핀을 출력으로 설정
led_pin = 17
GPIO.setup(led_pin, GPIO.OUT)

try :
    while True :
        GPIO.output(led_pin, GPIO.HIGH)  # LED 켜기
        time.sleep(1 )                 # 1초 대기
        GPIO.output(led_pin, GPIO.LOW)  # LED 끄기
```

```
        time.sleep(1 )          # 1초 대기
except KeyboardInterrupt:
    pass
finally :
    GPIO.cleanup()              # GPIO 설정 정리
```

5) 동작 설명

import RPi.GPIO as GPIO에서 RPi.GPIO를 사용하는 방법은 다음과 같다.

① import 한다.
② 모드 사용을 정한다.(GPIO.setmode(GPIO.BCM) 또는 GPIO.setmode(GPIO.BOARD))
③ 실습에 사용되는 헤더 핀을 지정한다.(led_pin = 17, GPIO.setup(led_pin, GPIO.OUT))
④ 해당하는 핀에 데이터를 읽고 쓰는 것을 수행한다.

import time은 사용자 모듈을 지정하는 것이며, RPi.GPIO는 라즈베리파이의 GPIO를 사용할 수 있도록 해주는 모듈이다. 이것이 import 되어 사용할 수 있다.

time 모듈은 시간 모듈이다. GPIO.setmode(GPIO.BCM)은 GPIO에서 사용할 핀 모드를 설정하며 여기서는 GPIO 17번 핀을 출력으로 설정하였으며 GPIO 핀의 출력 전압은 3.3[V]를 나타낸다.

time.sleep(1)은 time 모듈의 sleep 함수를 불러온 것으로 time.sleep(1)을 입력하고 while 문을 사용하여 LED 1개를 1초 간격으로 ON, OFF 제어한다. 여기서 LED는 High가 되었을 때 ON이 되고 LOW가 되면 OFF가 된다. While True:은 True는 참을 나타내며 위의 명령문을 무한 반복을 한다.

프로그램 끝에는 GPIO.cleanup()을 반드시 넣어 주어야 한다. 만약 GPIO.cleanup()을 넣지 않는 경우 다음에 사용할 때에는 핀이 busy(사용 중)가 뜨면서 에러가 발생하며 정상적으로 동작을 하지 않는다.

실습 시 LED가 ON, OFF 제어가 안 되는 경우가 발생한다. 이때 그 이유를 살펴보고 다음과 같이 수정한다.

① 프로그램에 에러가 발생한 경우 --- 해당 프로그램을 수정한다.
② LED의 불량 --- LED 교체한다.
③ LED 극성으로 볼 수 있다. --- LED을 올바르게 한다.
특히 LED의 극성을 반대로 연결하는 경우가 많이 발생한다.

2 LED(Light Emitting Diode, 발광 Diode) 2개 제어

1) 실습 내용

GPIO를 이용하여 LED 2개를 1초 간격으로 ON, OFF 제어하는 것으로 파이썬 프로그램을 이용하여 설계하고 실습한다. 여기서 GPIO 16번 핀과 20번 핀을 출력으로 설정한다.

특히 LED는 양극과 음극이 있으므로 극성에 조심해야 한다.

저항기는 $\frac{1}{4}[Watt]$용을 사용한다.

2) 준비물

(1) 라즈베리파이 4와 GPIO

(2) Bread Board 실습용

(3) Bread Board에 사용되는 연결선

(4) LED : 적색, 녹색, 황색, 백색

(5) 저항기 : 220[Ω] $\frac{1}{4}[Watt]$, 300[Ω] $\frac{1}{4}[Watt]$, 330[Ω] $\frac{1}{4}[Watt]$

(6) 라즈베리파이 4에 사용되는 전원

(7) 회로 시험기

3) 회로 구성도

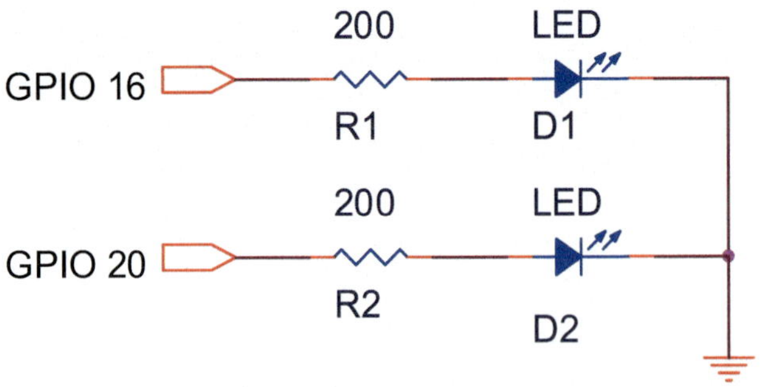

[GPIO에 연결된 회로도]

4) 파이썬 코드

```
import RPi.GPIO as GPIO
import time

# GPIO 모드 설정
GPIO.setwarning(False)
GPIO.setmode(GPIO.BCM)
# GPIO 16, 20번 핀을 출력으로 설정
LEDs=[16, 20]
for LED in LEDs:
    GPIO.setup(led_pin, GPIO.OUT)

try :
    while True :
        for LED in LEDs
            GPIO.output(LED,HIGH)    # 현재 LED 켜기
            time.sleep(1 )           # 1초 대기
            GPIO.output(LED, GPIO.LOW)  # LED 끄기
            time.sleep(1 )           # 1초 대기
            GPIO.output(LED,HIGH)    # 현재 LED 켜기
            time.sleep(1 )           # 1초 대기
except KeyboardInterrupt:
    pass
finally :
    GPIO.cleanup()            # GPIO 설정 정리
```

5) 동작 설명

GPIO 16번 핀과 20번 핀을 출력으로 설정하여 LED 2개를 1초 간격으로 ON, OFF 제어하는 것이다. 여기서 LED는 High가 되었을 때 ON이 되고 LOW가 되면 OFF가 된다. GPIO.HIGH는 1을 나타내므로 LED가 ON이 되어 불이 켜지며, GPIO.LOW는 0을 나타내므로 LED가 OFF가 되어 불이 꺼진다.

여기서 LED 2개를 동시에 ON과 OFF를 설정하는 방법으로는 다음과 같다.

① LED 2개를 OFF로 설정하는 방법이다.

```
GPIO.output(16, GPIO.LOW)
GPIO.output(20, GPIO.LOW)
```

② LED 2개를 ON로 설정하는 방법이다.

```
GPIO.output(16, GPIO.HIGH)
GPIO.output(20, GPIO.HIGH)
```

실습 시 LED가 ON, OFF 제어가 안 되는 경우가 발생한다. 이때 그 이유를 살펴보고 다음과 같이 수정한다.

① 프로그램에 에러가 발생한 경우 ⇨ 해당 프로그램을 수정한다.
② LED의 불량 ⇨ LED 교체한다.
③ LED 극성으로 볼 수 있다. ⇨ LED을 올바르게 한다.

특히 LED의 극성을 반대로 연결하는 경우가 많이 발생한다.

3 LED(Light Emitting Diode, 발광 Diode) 3개 순차 제어

1) 실습 내용

GPIO를 이용하여 LED 3개를 순차적으로 ON, OFF 제어하는 것으로 파이썬 프로그램을 이용하여 설계하고 실습한다. 여기서 GPIO 16번 핀, 20번 핀, 21번 핀을 출력으로 설정한다.

특히 LED는 양극과 음극이 있으므로 극성에 조심해야 한다.

저항기는 $\frac{1}{4}[Watt]$용을 사용한다.

2) 준비물

(1) 라즈베리파이 4와 GPIO

(2) Bread Board 실습용

(3) Bread Board에 사용되는 연결선

(4) LED : 적색, 녹색, 황색, 백색

(5) 저항기 : 220[Ω] $\frac{1}{4}[Watt]$, 300[Ω] $\frac{1}{4}[Watt]$, 330[Ω] $\frac{1}{4}[Watt]$

(6) 라즈베리파이 4에 사용되는 전원

(7) 회로 시험기

3) 회로 구성도

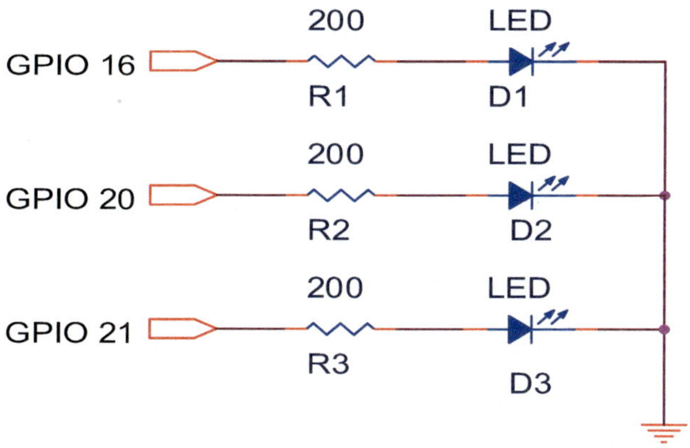

[GPIO에 연결된 회로도]

4) 파이썬 코드

```
import RPi.GPIO as GPIO
import time
GPIO.setwarnings(False )
GPIO.setmode(GPIO.BCM)
LEDs = [16 , 20 , 21 ]

for LED in LEDs:
    GPIO.setup(LED, GPIO.OUT)
try :
    while True :
        for LED in LEDs:
            GPIO.output(LED, GPIO.HIGH)  # 현재 LED 끄기
            time.sleep(0.5 )           # 0.5초 대기하여 완전히 꺼짐
            GPIO.output(LED, GPIO.LOW)  # 현재 LED 켜기
            time.sleep(0.5 )           # 0.5초 동안 켜져 있음
            GPIO.output(LED, GPIO.HIGH)  # 현재 LED 끄기
            time.sleep(0.5 )           # 0.5초 대기하여 완전히 꺼짐
except KeyboardInterrupt:
    pass
GPIO.cleanup()
```

5) 동작 설명

GPIO 16번 핀, 20번 핀, 21번 핀을 출력으로 설정하여 LED 3개를 1초 간격으로 ON, OFF 제어하는 것이다. 여기서 LED는 High가 되었을 때 ON이 되고 LOW가 되면 OFF가 된다.

실습 시 LED가 ON, OFF 제어가 안 되는 경우가 발생한다. 이때 그 이유를 살펴보고 다음과 같이 수정한다.

① 프로그램에 에러가 발생한 경우 ⇨ 해당 프로그램을 수정한다.
② LED의 불량 ⇨ LED 교체한다.
③ LED 극성으로 볼 수 있다. ⇨ LED을 올바르게 한다.

특히 LED의 극성을 반대로 연결하는 경우가 많이 발생한다.

4 LED(Light Emitting Diode, 발광 Diode) 1개를 SWITCH 1개로 제어

1) 실습 내용

GPIO를 이용하여 LED 1개를 SWITCH 1개를 사용하여 ON, OFF 제어하는 것으로 파이썬 프로그램을 이용하여 설계하고 실습한다. 여기서 GPIO 핀 설정은 LED는 26번 핀, SWITCH는 21번 핀을 출력으로 설정한다.

특히 LED는 양극과 음극이 있으므로 극성에 조심해야 한다.

저항기는 $\frac{1}{4}[Watt]$용을 사용한다.

2) 준비물

(1) 라즈베리파이 4와 GPIO
(2) Bread Board 실습용
(3) Bread Board에 사용되는 연결선
(4) LED : 적색, 녹색, 황색, 백색
(5) 저항기 : 220[Ω] $\frac{1}{4}[Watt]$, 300[Ω] $\frac{1}{4}[Watt]$, 330[Ω] $\frac{1}{4}[Watt]$
(6) BUTTON SWITCH 3 Pin용

(7) 라즈베리파이 4에 사용되는 전원
(8) 회로 시험기

3) 회로 구성도

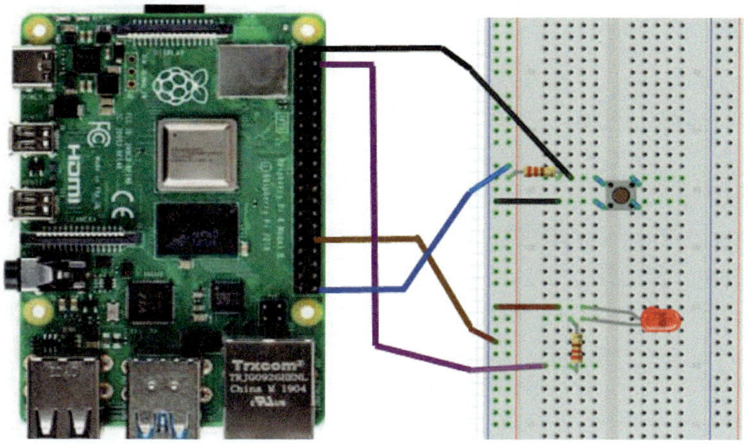

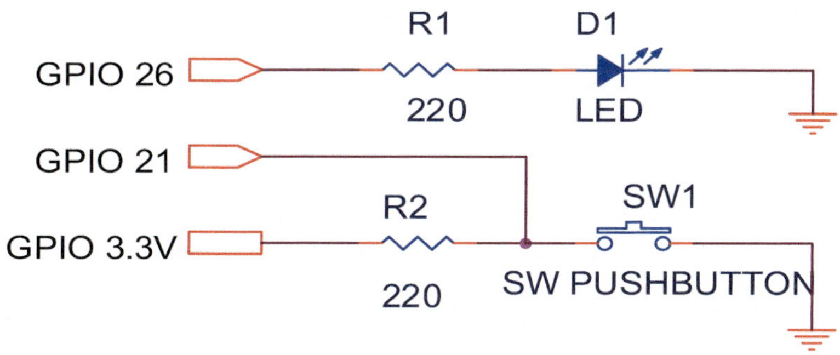

[GPIO에 연결된 회로도]

4) 파이썬 코드

```python
import RPi.GPIO as GPIO
import time

# GPIO 핀 번호 설정
LED_PIN = 26
BUTTON_PIN = 21

# GPIO 설정
GPIO.setmode(GPIO.BCM)
GPIO.setup(LED_PIN, GPIO.OUT)
GPIO.setup(BUTTON_PIN, GPIO.IN, pull_up_down=GPIO.PUD_UP)
led_state = False

try :
    while True :
        button_state = GPIO.input(BUTTON_PIN)  # 버튼 상태 읽기
        if button_state == GPIO.LOW:  # 버튼이 눌렸을 때
            led_state = not led_state  # LED 상태 토글
            GPIO.output(LED_PIN, led_state)
                # LED 상태에 따라 출력 설정

            time.sleep(0.3 )  # 디바운스 처리
        time.sleep(0.1 )  # 루프를 너무 빠르게 돌지 않게 대기

except KeyboardInterrupt:
    pass
finally :
    GPIO.cleanup()
```

5) 동작 설명

GPIO.setmode(GPIO.BCM)에서 GPIO.BCM(Broadcom chip – specific pin numbers)으로 GPIO 번호로 부르는 것이다.

GPIO LED를 26번 핀, SWITCH를 21번 핀을 출력으로 설정하여 LED 1개를 SWITCH를 사용하여 ON, OFF 제어하는 것이다. 여기서 LED는 High가 되었을 때 ON이 되고 LOW가

되면 OFF가 된다. try와 finally는 예외 처리 구문에 필요한 것이다. 즉 try 부분이 실행되고 끝나면 end를 출력한다는 것이다.

실습 시 LED가 ON, OFF 제어가 안 되는 경우가 발생한다. 이때 그 이유를 살펴보고 다음과 같이 수정한다.

① 프로그램에 에러가 발생한 경우 ⇨ 해당 프로그램을 수정한다.
② LED의 불량 ⇨ LED 교체한다.
③ LED 극성으로 볼 수 있다. ⇨ LED을 올바르게 한다.

특히 LED의 극성을 반대로 연결하는 경우가 많이 발생한다.

LED에 연결하는 저항값 계산하는 방법

1. 라즈베리파이에 사용되는 전압 : 3.3V
2. 데이터 시트에서 LED에 전압 : 2.0V
3. 전류 : 2[mA]
4. 저항값 계산

$$저항값 = \frac{전원전압 - 순전압}{통전전류} = \frac{3.3 - 2.0}{2 \times 10^{-3}} = 650[\Omega]$$

따라서 저항값은 650[Ω]이지만 LED의 밝기에 따라 저항값을 변환하여도 관계가 없다. 즉 220[Ω]을 사용하면 LED가 밝고 1000[Ω]을 사용하면 조금 어두워진다.

[과제 1]

LED 8개를 사용하여 짝수, 홀수로 동작하는 프로그램을 작성하시오.

[과제 2]

LED 1개를 사용하여 2초간 LED ON, 1초간 LED OFF, 1초간 LED ON, 1초간 LED OFF, 3초간 LED ON, 3초간 LED OFF가 되도록 프로그램을 작성하시오.

[과제 3]

LED 2개를 SWITCH 2개를 사용하여 제어하는 프로그램을 작성하시오.

CHAPTER

04

GPIO를 이용한 7-Segment 제어

RaspberryPi

1 7 Segment

7 Segment는 숫자 계수기 또는 FND(Flexible Number Display)라고 한다.

7 Segment는 7개의 구획으로 구성되어 있다. 즉 7 Segment에 1개의 구획마다 LED(발광다이오드)가 들어가 있는 구조이다. 이 7 Segment는 7개의 LED를 이용하여 0~9까지 숫자를 표시하고 일부는 알파벳 문자 표현이 가능하다.

7 Segment의 종류에는 Anode Common과 Cathode Common이 있다.

7 Segment는 사용 방법이 간단하고 가격이 저렴하여 디스플레이장치, 온도계, 시계, 전자저울 등에 많이 사용된다.

1) 7 Segment 구조

7 Segment에서 500은 Cathode Common이고, 507은 Anode Common이다.

아래에서 7 Segment는 Anode Common이나 Cathode Common의 핀 번호와 기호는 같다. 단. Common이 Anode, Cathode를 나타낸다.

7 Segment 기호	Pin Name
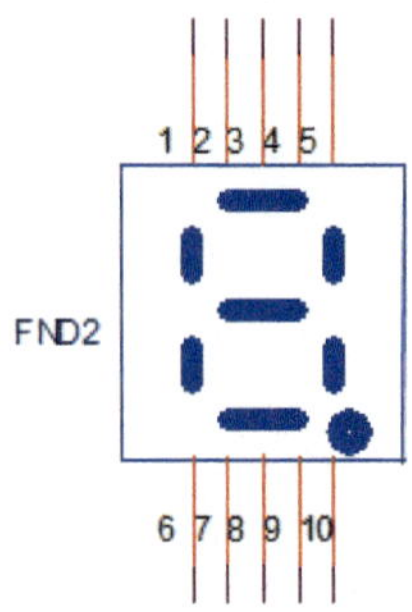	1. Segment G 2. Segment F 3. Common Anode 4. Segment A 5. Segment B 6. Segment E 7. Segment D 8. Common Anode 9. Segment C 10. Decimal Point

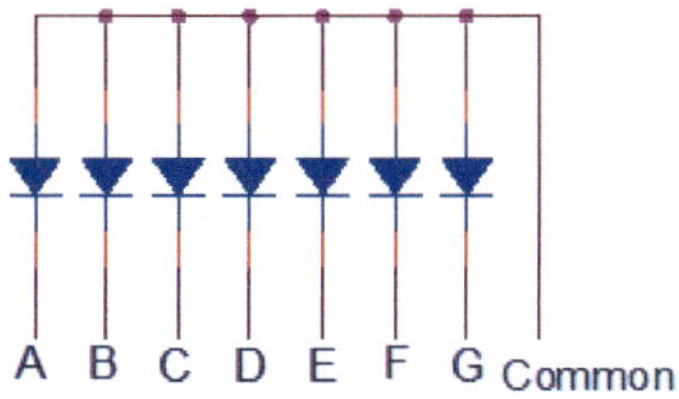

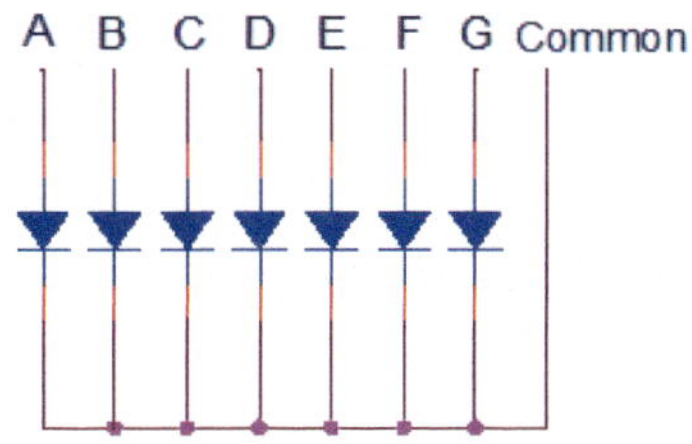

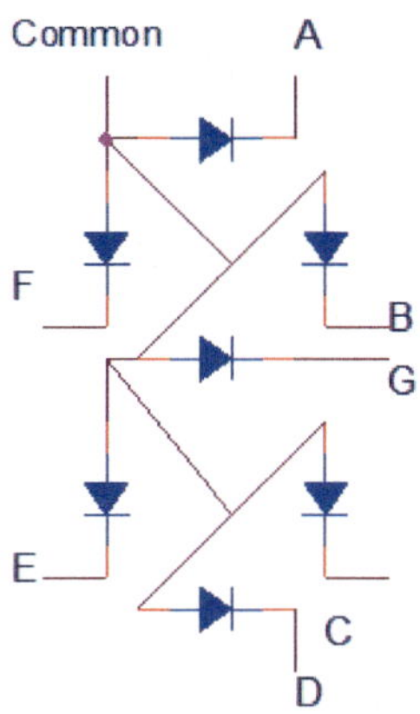

(Anode Common)

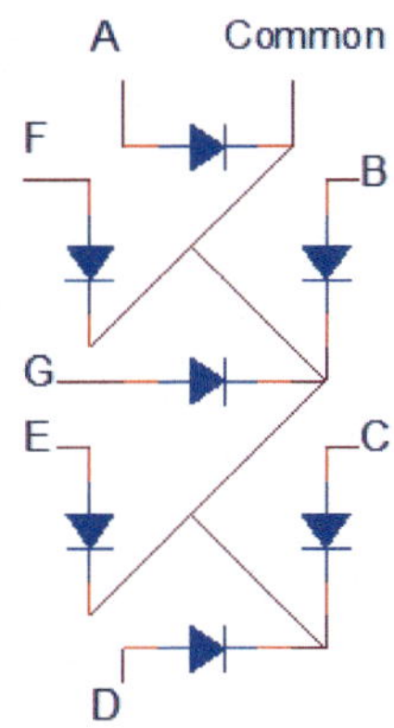

(Cathode Common)

2) 7 Segment 모양

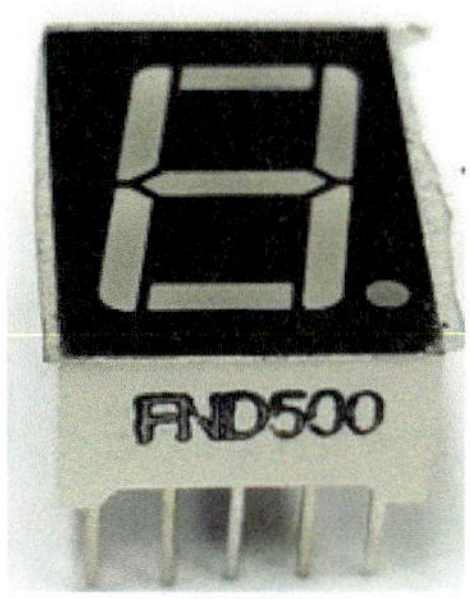

(FND 500)

(FND 507)

3) 0부터 9까지 숫자를 7 Segment의 표현

(1) Anode Common인 경우

숫자	표시	A	B	C	D	E	F	G
0	0	OFF	OFF	OFF	OFF	OFF	OFF	ON
1	1	ON	OFF	OFF	ON	ON	ON	ON
2	2	OFF	OFF	ON	OFF	OFF	ON	OFF
3	3	OFF	OFF	OFF	OFF	ON	ON	OFF
4	4	ON	OFF	OFF	ON	ON	OFF	OFF
5	5	OFF	ON	OFF	OFF	ON	OFF	OFF
6	6	OFF	ON	OFF	OFF	OFF	OFF	OFF
7	7	OFF	OFF	OFF	ON	ON	ON	ON
8	8	OFF	OFF	OFF	OFF	OFF	OFF	OFF
9	9	OFF	OFF	OFF	OFF	ON	OFF	OFF

(2) Cathode Common인 경우

숫자	표시	A	B	C	D	E	F	G
0	0	ON	ON	ON	ON	ON	ON	OFF
1	1	OFF	ON	ON	OFF	OFF	OFF	OFF
2	2	ON	ON	OFF	ON	ON	OFF	ON
3	3	ON	ON	ON	ON	OFF	OFF	ON
4	4	OFF	ON	ON	OFF	OFF	ON	ON
5	5	ON	OFF	ON	ON	OFF	ON	ON
6	6	ON	OFF	ON	ON	ON	ON	ON

7		ON	ON	ON	OFF	OFF	OFF	OFF
8		ON	ON	ON	ON	ON	ON	ON
9		ON	ON	ON	ON	OFF	ON	ON

4) 7 Segment 사용 시 주의사항

① 7 Segment는 A부터 G까지 LED로 제어하여 0부터 9까지 표현한다.
따라서 7 Segment 사용 시 용량에 맞게 사용해야 한다.

② 7 Segment 사용 시에는 Anode Type인지 Cathode Type인지 구분해야 한다.

③ 7 Segment 사용 시 핀 번호에 맞게 사용해야 한다.

④ 7 Segment는 전부 LED 구성되어 있으므로 불량이 발생한 경우에는 교체하여 사용한다.

2 7 Segment 제어 : 1~9까지 제어

1) 실습 내용

GPIO를 7 Segment 1개를 제어하는 것으로 파이썬 프로그램을 이용하여 설계하고 실습한다. 여기서 GPIO 핀 설정은 7 Segment 모든 핀을 출력으로 설정한다.

특히 7 Segment 사용 시에는 Anode Type과 Cathode Type이 있으므로 극성에 조심해야 하며, A부터 G까지 연결을 똑바로 하여야 한다. 7 Segment는 Cathode Type을 사용하고 저항은 $\frac{1}{4}[Watt]$용을 사용한다.

2) 준비물

(1) 라즈베리파이 4와 GPIO

(2) Bread Board 실습용

(3) Bread Board에 사용되는 연결선

(4) 7 Segment : Cathode Type과 Anode Type

(5) 저항기 : 220[Ω] $\frac{1}{4}[Watt]$, 300[Ω] $\frac{1}{4}[Watt]$, 330[Ω] $\frac{1}{4}[Watt]$

(6) 라즈베리파이 4에 사용되는 전원

(7) 회로 시험기

(8) 디지털 오실로스코프

3) 회로 구성도

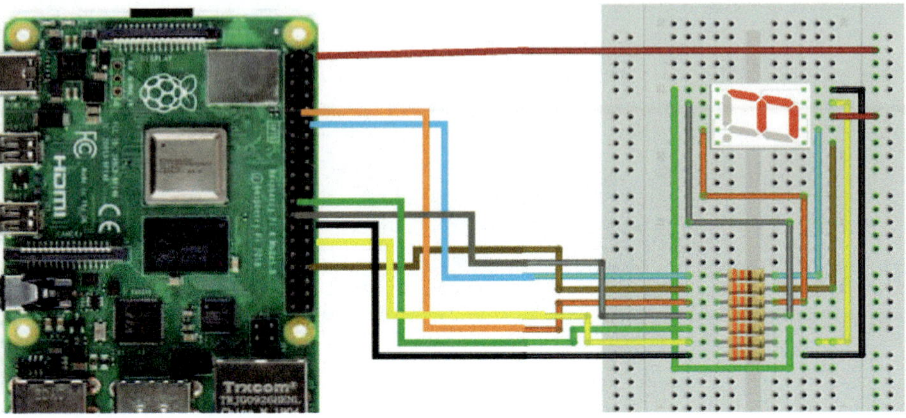

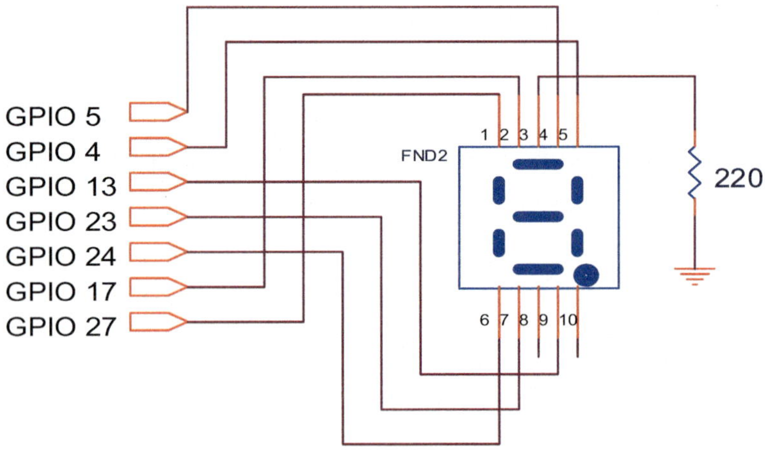

(GPIO에 연결된 회로도)

4) 파이썬 코드

```
import RPi.GPIO as GPIO
import time

# 각 세그먼트에 연결된 핀 번호
```

```
A, B, C, D, E, F, G = 5 , 4 , 13 , 23 , 24 , 17 , 27

# GPIO 초기화
GPIO.setmode(GPIO.BCM)
segments = [A, B, C, D, E, F, G]

for segment in segments:
    GPIO.setup(segment, GPIO.OUT)
    GPIO.output(segment, GPIO.LOW)
# 모든 세그먼트를 끄는 상태로 초기화

# 숫자별로 필요한 세그먼트만 켜는 함수
def display_number(number):

    # 모든 세그먼트를 끄기
    for segment in segments:
        GPIO.output(segment, GPIO.LOW)

    # 숫자에 따른 세그먼트 켜기
    active_segments = {
        0 : [A, B, C, D, E, F],
        1 : [B, C],
        2 : [A, B, D, E, G],
        3 : [A, B, C, D, G],
        4 : [B, C, F, G],
        5 : [A, C, D, F, G],
        6 : [A, C, D, E, F, G],
        7 : [A, B, C],
        8 : [A, B, C, D, E, F, G],
        9 : [A, B, C, D, F, G],
    }

    # 활성화할 세그먼트만 켜기
    for segment in active_segments.get(number, []):
        GPIO.output(segment, GPIO.HIGH)

# 1부터 9까지 출력
try :
    for num in range(0 , 10 ):
        display_number(num)
        time.sleep(1 )  # 1초 간격으로 출력
finally :
    GPIO.cleanup()  # GPIO 정리
```

5) 동작 설명

GPIO 5번 핀은 FND A에 연결, GPIO 4번 핀은 FND B에 연결, GPIO 13번 핀은 FND C에 연결, GPIO 23번 핀은 FND D에 연결, GPIO 17번 핀은 FND E에 연결, GPIO 27번 핀은 FND G에 연결한 핀을 출력으로 설정한다. FND를 1초 간격으로 1부터 9까지 제어한다. 여기서 FND를 사용할 때에는 Anode Common인지 Cathode Common인지 반드시 확인해야 한다.

실습 시 FND 숫자가 제어가 안 되는 경우가 발생한다. 이때 그 이유를 살펴보고 다음과 같이 수정한다.

① 프로그램에 에러가 발생한 경우 ⇨ 해당 프로그램을 수정한다.
② FND의 불량 ⇨ FND 교체한다.
③ FND 연결을 볼 수 있다. ⇨ FND A부터 G까지 연결을 확인한다.

특히 FND의 극성을 반대로 연결하는 경우가 많이 발생한다.

3 7 Segment 제어 : 홀수 제어

1) 실습 내용

GPIO를 7 Segment 1개를 제어하는 것으로 파이썬 프로그램을 이용하여 설계하고 실습한다. 여기서 GPIO 핀 설정은 7 Segment 모든 핀을 출력으로 설정한다.

특히 7 Segment 사용 시에는 Anode Type과 Cathode Type이 있으므로 극성에 조심해야 하며, A부터 G까지 연결을 똑바로 하여야 한다. 7 Segment는 Cathode Type을 사용하고 저항은 $\frac{1}{4}[Watt]$용을 사용한다.

2) 준비물

(1) 라즈베리파이 4와 GPIO
(2) Bread Board 실습용
(3) Bread Board에 사용되는 연결선
(4) 7 Segment : Cathode Type과 Anode Type

(5) 저항기 : 220[Ω] $\frac{1}{4}[Watt]$, 300[Ω] $\frac{1}{4}[Watt]$, 330[Ω] $\frac{1}{4}[Watt]$

(6) 디지털 오실로스코프

(7) 라즈베리파이 4에 사용되는 전원

(8) 회로 시험기

3) 회로 구성도

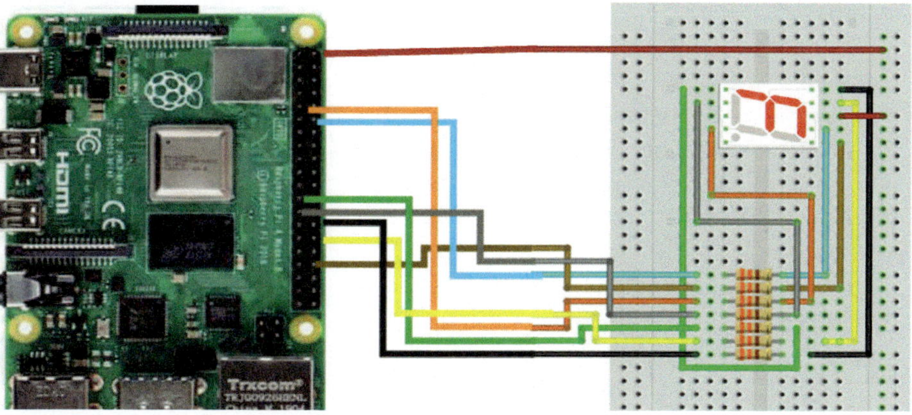

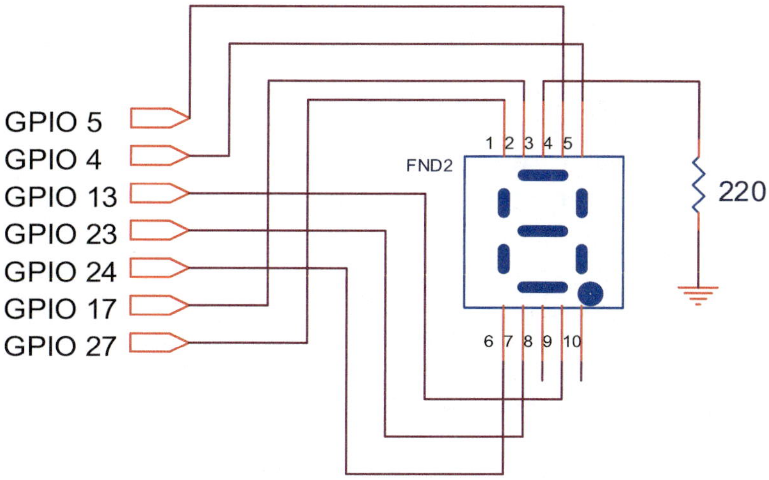

(GPIO에 연결된 회로도)

4) 파이썬 코드

```python
import RPi.GPIO as GPIO
import time

# 각 세그먼트에 연결된 핀 번호
A, B, C, D, E, F, G = 5 , 4 , 13 , 23 , 24 , 17 , 27

# GPIO 초기화
GPIO.setmode(GPIO.BCM)
segments = [A, B, C, D, E, F, G]
for segment in segments:
    GPIO.setup(segment, GPIO.OUT)
    GPIO.output(segment, GPIO.LOW)
# 모든 세그먼트를 끄는 상태로 초기화

# 숫자별로 필요한 세그먼트만 켜는 함수
def display_number(number):
    # 모든 세그먼트를 끄기
    for segment in segments:
        GPIO.output(segment, GPIO.LOW)
    # 숫자에 따른 세그먼트 켜기
    active_segments = {
        0 : [A, B, C, D, E, F],
        1 : [B, C],
        2 : [A, B, D, E, G],
        3 : [A, B, C, D, G],
        4 : [B, C, F, G],
        5 : [A, C, D, F, G],
        6 : [A, C, D, E, F, G],
        7 : [A, B, C],
        8 : [A, B, C, D, E, F, G],
        9 : [A, B, C, D, F, G],
    }

    # 활성화할 세그먼트만 켜기
    for segment in active_segments.get(number, []):
        GPIO.output(segment, GPIO.HIGH)

# 1, 3, 5, 7, 9 출력
try :
```

```
    while (1 ):
        for num in range(1 , 10 , 2 ):
            display_number(num)
            time.sleep(1 )  # 1초 간격으로 출력
finally :
    GPIO.cleanup()  # GPIO 정리
```

5) 동작 설명

GPIO 5번 핀은 FND A에 연결, GPIO 4번 핀은 FND B에 연결, GPIO 13번 핀은 FND C에 연결, GPIO 23번 핀은 FND D에 연결, GPIO 17번 핀은 FND E에 연결, GPIO 27번 핀은 FND G에 연결한 핀을 출력으로 설정한다. FND를 1초 간격으로 홀수가 나타나도록 제어한다. 여기서 FND를 사용할 때에는 Anode Common인지 Cathode Common인지 반드시 확인해야 한다.

실습 시 FND 숫자가 제어가 안 되는 경우가 발생한다. 이때 그 이유를 살펴보고 다음과 같이 수정한다.

① 프로그램에 에러가 발생한 경우 ⇨ 해당 프로그램을 수정한다.
② FND의 불량 ⇨ FND 교체한다.
③ FND 연결을 볼 수 있다. ⇨ FND A부터 G까지 연결을 확인한다.

특히 FND의 극성을 반대로 연결하는 경우가 많이 발생한다.

4 7 Segment 제어 : 짝수 제어

1) 실습 내용

GPIO를 7 Segment 1개를 제어하는 것으로 파이썬 프로그램을 이용하여 설계하고 실습한다. 여기서 GPIO 핀 설정은 7 Segment 모든 핀을 출력으로 설정한다.

특히 7 Segment 사용 시에는 Anode Type과 Cathode Type이 있으므로 극성에 조심해야 하며, A부터 G까지 연결을 똑바로 하여야 한다. 7 Segment는 Cathode Type을 사용하고 저항은 $\frac{1}{4}[Watt]$용을 사용한다.

2) 준비물

(1) 라즈베리파이 4와 GPIO

(2) Bread Board 실습용

(3) Bread Board에 사용되는 연결선

(4) 7 Segment : Cathode Type과 Anode Type

(5) 저항기 : 220[Ω] $\frac{1}{4}[Watt]$, 300[Ω] $\frac{1}{4}[Watt]$, 330[Ω] $\frac{1}{4}[Watt]$

(6) 디지털 오실로스코프

(7) 라즈베리파이 4에 사용되는 전원

(8) 회로 시험기

3) 회로 구성도

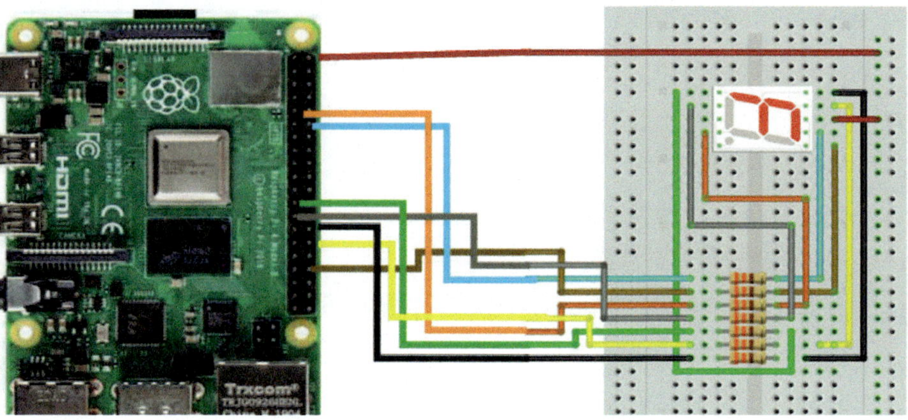

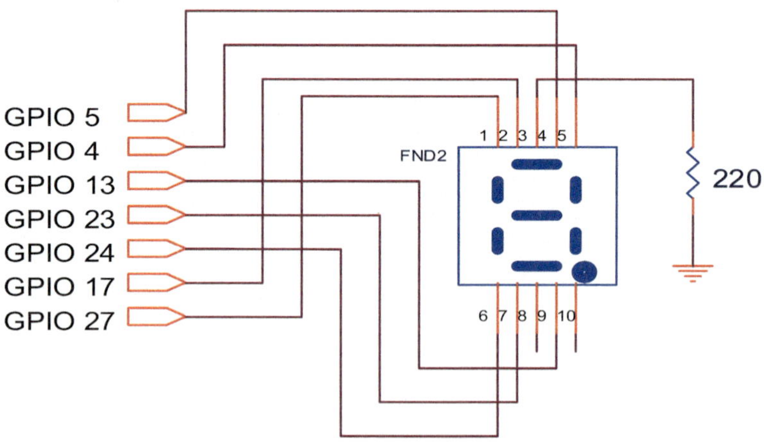

(GPIO에 연결된 회로도)

4) 파이썬 코드

```python
import RPi.GPIO as GPIO
import time

# 각 세그먼트에 연결된 핀 번호
A, B, C, D, E, F, G = 5 , 4 , 13 , 23 , 24 , 17 , 27

# GPIO 초기화
GPIO.setmode(GPIO.BCM)
segments = [A, B, C, D, E, F, G]
for segment in segments:
    GPIO.setup(segment, GPIO.OUT)
    GPIO.output(segment, GPIO.LOW)
# 모든 세그먼트를 끄는 상태로 초기화

# 숫자별로 필요한 세그먼트만 켜는 함수
def display_number(number):
    # 모든 세그먼트를 끄기
    for segment in segments:
        GPIO.output(segment, GPIO.LOW)
    # 숫자에 따른 세그먼트 켜기
    active_segments = {
        0 : [A, B, C, D, E, F],
        1 : [B, C],
        2 : [A, B, D, E, G],
        3 : [A, B, C, D, G],
        4 : [B, C, F, G],
        5 : [A, C, D, F, G],
        6 : [A, C, D, E, F, G],
        7 : [A, B, C],
        8 : [A, B, C, D, E, F, G],
        9 : [A, B, C, D, F, G],
    }

    # 활성화할 세그먼트만 켜기
    for segment in active_segments.get(number, []):
        GPIO.output(segment, GPIO.HIGH)

# 0, 2, 4, 6, 8 출력
try :
```

```
    while (1 ):
        for num in range(0 , 10 , 2 ):
            display_number(num)
            time.sleep(1 )  # 1초 간격으로 출력
finally :
    GPIO.cleanup()  # GPIO 정리
```

5) 동작 설명

GPIO 5번 핀은 FND A에 연결, GPIO 4번 핀은 FND B에 연결, GPIO 13번 핀은 FND C에 연결, GPIO 23번 핀은 FND D에 연결, GPIO 17번 핀은 FND E에 연결, GPIO 27번 핀은 FND G에 연결한 핀을 출력으로 설정한다. FND를 1초 간격으로 짝수가 나타나도록 제어한다. 여기서 FND를 사용할 때에는 Anode Common인지 Cathode Common인지 반드시 확인해야 한다.

실습 시 FND 숫자가 제어가 안 되는 경우가 발생한다. 이때 그 이유를 살펴보고 다음과 같이 수정한다.

① 프로그램에 에러가 발생한 경우 ⇨ 해당 프로그램을 수정한다.
② FND의 불량 ⇨ FND 교체한다.
③ FND 연결을 볼 수 있다. ⇨ FND A부터 G까지 연결을 확인한다.

특히 FND의 극성을 반대로 연결하는 경우가 많이 발생한다.

5 7 Segment 제어 : 홀수, 짝수 제어

1) 실습 내용

GPIO를 7 Segment 1개를 제어하는 것으로 파이썬 프로그램을 이용하여 설계하고 실습한다. 여기서 GPIO 핀 설정은 7 Segment 모든 핀을 출력으로 설정한다.

특히 7 Segment 사용 시에는 Anode Type과 Cathode Type이 있으므로 극성에 조심해야 하며, A부터 G까지 연결을 똑바로 하여야 한다. 7 Segment는 Cathode Type을 사용하고 저항은 $\frac{1}{4}[Watt]$용을 사용한다.

2) 준비물

(1) 라즈베리파이 4와 GPIO

(2) Bread Board 실습용

(3) Bread Board에 사용되는 연결선

(4) 7 Segment : Cathode Type과 Anode Type

(5) 저항기 : 220[Ω] $\frac{1}{4}[Watt]$, 300[Ω] $\frac{1}{4}[Watt]$, 330[Ω] $\frac{1}{4}[Watt]$

(6) 디지털 오실로스코프

(7) 라즈베리파이 4에 사용되는 전원

(8) 회로 시험기

3) 회로 구성도

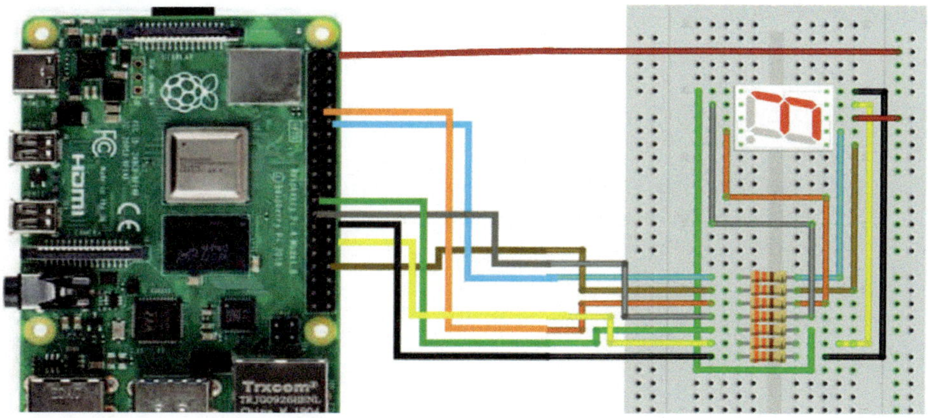

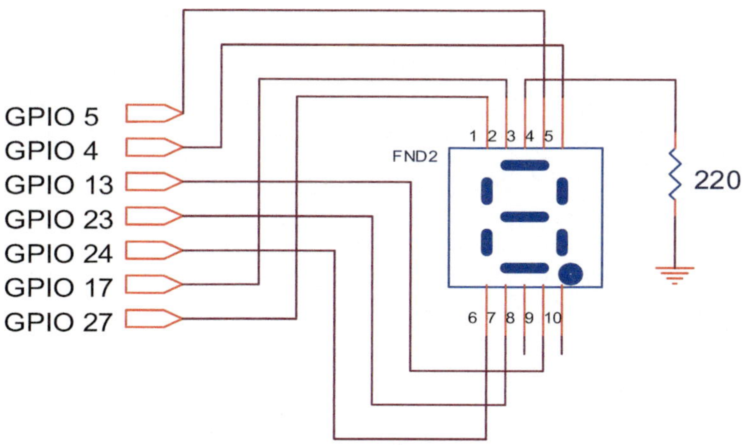

(GPIO에 연결된 회로도)

4) 파이썬 코드

```python
import RPi.GPIO as GPIO
import time

# 각 세그먼트에 연결된 핀 번호
A, B, C, D, E, F, G = 5 , 4 , 13 , 23 , 24 , 17 , 27

# GPIO 초기화
GPIO.setmode(GPIO.BCM)
segments = [A, B, C, D, E, F, G]

for segment in segments:
    GPIO.setup(segment, GPIO.OUT)
    GPIO.output(segment, GPIO.LOW)
# 모든 세그먼트를 끄는 상태로 초기화

# 숫자별로 필요한 세그먼트만 켜는 함수
def display_number(number):
    # 모든 세그먼트를 끄기
    for segment in segments:
        GPIO.output(segment, GPIO.LOW)
    # 숫자에 따른 세그먼트 켜기
    active_segments = {
        0 : [A, B, C, D, E, F],
        1 : [B, C],
        2 : [A, B, D, E, G],
        3 : [A, B, C, D, G],
        4 : [B, C, F, G],
        5 : [A, C, D, F, G],
        6 : [A, C, D, E, F, G],
        7 : [A, B, C],
        8 : [A, B, C, D, E, F, G],
        9 : [A, B, C, D, F, G],
    }
    # 활성화할 세그먼트만 켜기
    for segment in active_segments.get(number, []):
        GPIO.output(segment, GPIO.HIGH)

try :
    while (1 ):
        for num in range(0 , 10 , 2 ):
            display_number(num)
```

```
            time.sleep(1 )  # 1초 간격으로 출력

        for num in range(1 , 10 , 2 ):
            display_number(num)
            time.sleep(1 )  # 1초 간격으로 출력
finally :
    GPIO.cleanup()  # GPIO 정리
```

5) 동작 설명

GPIO 5번 핀은 FND A에 연결, GPIO 4번 핀은 FND B에 연결, GPIO 13번 핀은 FND C에 연결, GPIO 23번 핀은 FND D에 연결, GPIO 17번 핀은 FND E에 연결, GPIO 27번 핀은 FND G에 연결한 핀을 출력으로 설정한다. FND를 1초 간격으로 홀수와 짝수가 나타나도록 제어한다. 여기서 FND를 사용할 때에는 Anode Common인지 Cathode Common인지 반드시 확인해야 한다.

실습 시 FND 숫자가 제어가 안 되는 경우가 발생한다. 이때 그 이유를 살펴보고 다음과 같이 수정한다.

① 프로그램에 에러가 발생한 경우 ⇨ 해당 프로그램을 수정한다.
② FND의 불량 ⇨ FND 교체한다.
③ FND 연결을 볼 수 있다. ⇨ FND A부터 G까지 연결을 확인한다.

특히 FND의 극성을 반대로 연결하는 경우가 많이 발생한다.

CHAPTER

05

GPIO를 이용한 초음파 센서 제어

1. 초음파 센서
2. 초음파 센서로 거리 측정

1 초음파 센서(Ultrasonic Sensor)

초음파 센서는 거리 측정에 널리 사용되며 물체의 위치와 속도를 정확하게 판별할 수 있다. 초음파란 소리의 일종으로 우리의 귀에는 들리지 않는 음파를 말하며, 인간의 청각 범위(대략 20[Hz]~20[KHz])를 넘어서는 고주파의 음파를 말한다.

초음파 센서에서 사용되는 것은 주파수가 20[KHz] 이상의 주파수를 가지며 물체까지의 거리를 계산할 수 있다. 초음파 센서는 초음파를 이용하여 물체와의 거리를 측정하는 센서로서 물체까지의 거리는 $d=\frac{v\times t}{2}[m]$이며 v는 초음파의 속도, t는 센서로 되돌아온 시간이며, 매질의 종류에 따라 초음파의 속도는 달라진다.

1) 초음파의 성질

(1) 파장과 분해능

초음파의 파장($\lambda=\frac{v}{f}[m]$, $v=3\times 10^8$는 전파속도[m/s], $f\,[\mathrm{Hz}]$는 주파수)은 공식에서 보는 것과 같이 주파수에 반비례한다. 음속은 약 $344[m/s]$로 매우 느리다.

따라서 음속은 파장에 비례하므로 음속이 느리면 파장도 짧아진다. 특히 파장이 짧아지게 되면 거리 방향의 분해능이 높아 고정밀도 계측이 가능하다.

(2) 파장의 반사

초음파는 어떠한 물체에 닿게 되면 반사하며, 물질의 종류에 따라 반사율은 달라진다. 그러나 옷 같은 경우에는 초음파를 흡수한다.

(3) 초음파와 온도의 관계

초음파는 온도에 매우 민감하다. 즉 주위 온도에 따라 음속이 변한다.

2) 라즈베리파이에 사용되는 초음파 센서

(1) 라즈베리파이 센서 모듈 : HC-SR04

① V_{cc}는 5V에 연결하여야 한다.

② Trigger는 발신으로 $10[\mu s]$의 펄스를 입력해 주면 센서의 송신 모듈에서 $25[\mu s]$짜리 8개를 발사한다. 발사된 초음파가 물체에 부딪히면 반사가 일어나 수신 모듈로 되돌아온다.

③ Echo는 수신으로 수신 모듈로 되돌아온 그 시간은 High를 출력한다.

④ Gnd는 Ground에 연결한다.

⑤ HC-SR04의 특성

동작 전압	DC 5[V]
동작 전류	15[mA]
동작 주파수	40[Hz]
발생 주파수	40[KHz]
측정 거리	2[cm]~400[cm]
정밀도	0.3[cm]
측정 각도	15°
크기	45 × 20 × 15[mm]

⑥ 초음파 센서의 단점 : 가격이 비싸고 모듈의 범위가 짧다.

3) 초음파 센서의 종류

(1) 아날로그 센서

아날로그 센서는 온도와 같은 것을 측정하는 장치이며 초음파 처프 (고주파 음파의 짧은 펄스)를 생성하며 여기에 해당하는 에코를 수신만 한다. 아날로그 센서로는 아날로그 가속도계, 아날로그 광센서, 아날로그 사운드 센서, 아날로그 압력 센서, 아날로그 온도센서가 있다.

(2) 디지털 센서

디지털 센서는 물리량을 측정하여 사용이 가능하도록 디지털 신호로 변환시키는 센서이며 온도, 압력, 음파 등을 디지털 형식으로 변환하여 사용한다.

디지털 센서로는 디지털 가속도계 센서, 디지털 온도센서, 디지털 습도 센서가 있다.

2 초음파 센서(Ultrasonic Sensor)로 거리 측정

1) 실습 내용

GPIO의 Trig를 23번, Echo를 24번에 연결하여 물체와의 거리를 측정하는 것으로 파이썬 프로그램을 이용하여 설계하고 실습한다. 여기서 GPIO 핀 설정은 23번과 24번 핀을 출력으로 설정한다.

특히 초음파 센서 사용 시에는 V_{cc}는 5V에 연결하며, Gnd는 Ground에 연결한다.

초음파 센서는 HC-SR04를 사용하고 저항은 $\frac{1}{4}[Watt]$용을 사용한다.

2) 준비물

(1) 라즈베리파이 4와 GPIO

(2) Bread Board 실습용

(3) Bread Board에 사용되는 연결선

(4) 초음파 센서 : HC-SR04

(5) 저항기 : 1[KΩ] $\frac{1}{4}[Watt]$, 2[KΩ] $\frac{1}{4}[Watt]$

(6) 디지털 오실로스코프

(7) 라즈베리파이 4에 사용되는 전원

(8) 회로 시험기

3) 회로 구성도

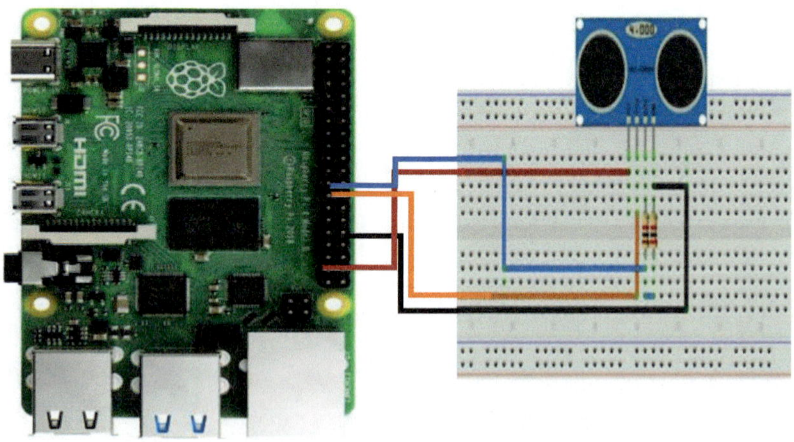

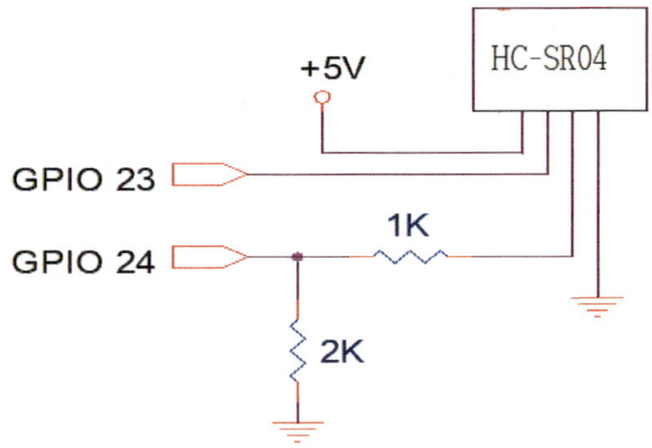

(GPIO에 연결된 회로도)

4) 파이썬 코드

```python
import RPi.GPIO as GPIO
import time

# 경고 메시지 숨기기
GPIO.setwarnings(False )
# BCM 모드로 설정
GPIO.setmode(GPIO.BCM)

# 핀 설정
TRIG = 23
ECHO = 24
print("초음파 거리 측정기")

# 핀을 출력 및 입력 모드로 설정
GPIO.setup(TRIG, GPIO.OUT)
GPIO.setup(ECHO, GPIO.IN)

# TRIG 핀 초기화
GPIO.output(TRIG, False )
print("초음파 출력 초기화")
time.sleep(2 )

try :
    while True :
        # 초음파 펄스 시작
        GPIO.output(TRIG, True )
```

```
        time.sleep(0.00001 )
        # 10 마이크로초 동안 TRIG 핀을 HIGH로 설정
        GPIO.output(TRIG, False )
        # Echo 핀의 상승 및 하강을 감지하여 시간 측정
        while GPIO.input(ECHO) == 0 :
            # 높은 정밀도의 타이밍을 위해 perf_counter 사용
            start = time.perf_counter()
        while GPIO.input(ECHO) == 1 :
            stop = time.perf_counter()

        # 시간 계산
        check_time = stop - start

        # 거리 계산 (음속은 34300 cm/s)
        distance = check_time * 34300 / 2  # 왕복 시간을 나누기 위해 2로 나눔


        # 거리 출력
        print("Distance : %.1f cm" % distance)

        # 잠시 대기
        time.sleep(0.4 )

except KeyboardInterrupt:
    print("거리 측정 완료")
    GPIO.cleanup()  # GPIO 핀 정리
```

5) 동작 설명

GPIO 23번 핀은 Trig에 연결, GPIO 24번 핀은 ECHO에 연결한 핀을 출력으로 설정한다. 여기서 초음파 센서를 사용할 때에는 GPIO 24번 핀에는 3.3[V]가 되도록 하여야 한다. 계산 방법은 아래와 같다.

회로도	계산 방법
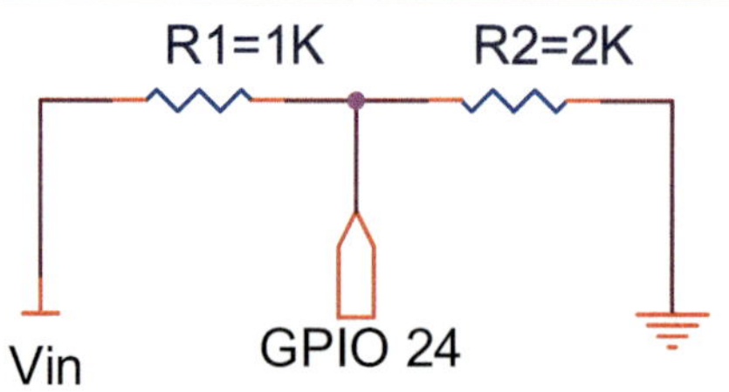	$V_{out} = \frac{R_1}{R_1 + R_2} V_{in} = \frac{1K}{1K + 2K} 5 = 3.3[V]$

실습 시 초음파 센서가 동작이 안 되는 경우가 발생한다. 이때 그 이유를 살펴보고 다음과 같이 수정한다.

① 프로그램에 에러가 발생한 경우 ⇨ 해당 프로그램을 수정한다.
② 초음파 센서의 불량 ⇨ 초음파 센서를 교체한다.
③ 초음파 센서의 연결을 볼 수 있다. ⇨ 초음파 센서에서 Vcc, Trig, Echo, Gnd 연결을 확인한다. 특히 GPIO 24번 핀에 3.3[V]의 전압이 나오는지 회로 시험기를 이용하여 확인한다.

특히 초음파 센서 연결에서 Vcc는 반드시 5[V]에 연결한다.
초음파 센서 GPIO 24번 핀에 3.3[V]을 5[V]에 연결하는 경우가 많이 발생한다.

CHAPTER

06

GPIO를 이용한 LCD 제어

RaspberryPi

1. LCD I2C
2. LCD I2C 실습

1 LCD I2C (Liquit Crystal Display, 액정 표시 장치)

LCD는 액정(Liquit Crystal)을 이용하여 Display 하는 방식이며, I2C 인터페이스를 통해 라즈베리파이와 연결되어 있으므로 배선을 사용하지 않고 쉽게 데이터 통신이 가능하다. 액정 Display는 액정의 성질을 가지는 전류를 사용하는 방식이다.

LCD I2C가 표현할 수 있는 것은 글 자수가 총 32글자이다. 32글자는 2행 16열로 표현되는 방식이다. LCD I2C는 날짜, 온도, 시간 등에 사용된다.

1) LCD I2C 통신의 기본원리

① SDA(Serial Data Line) ⇨ 데이터 전송에 사용된다.
② SCL(Serial Clock Line) ⇨ 클록 신호를 전송에 사용된다.

2) LCD I2C의 구성

LCD I2C에는 아래 그림에 보듯이 총 16개의 핀으로 구성되어 있다.

(전면)

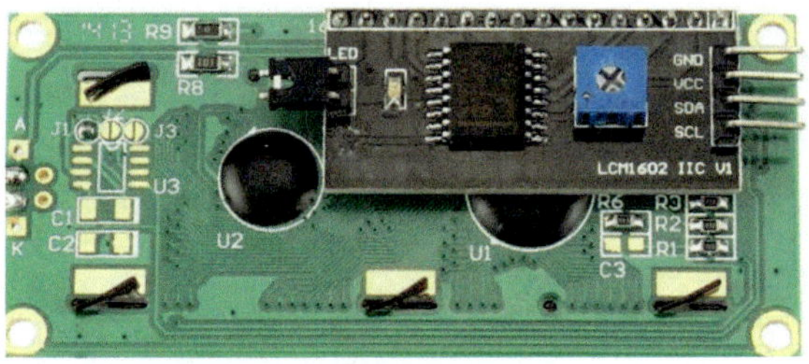

(후면)

전면부 16핀 기능은 다음과 같다.

VSS와 VDD는 LCD를 구동하기 위한 전원을 연결하는 핀으로 VSS는 GND에 연결하고 VDD는 전원에 연결한다. VO는 글자의 색을 조절하는 핀으로 가변저항을 연결하여 저항값을 변화시켜 색을 조절한다. 즉 가변저항으로 전압을 높고 낮게 할 수 있다. 따라서 전압을 낮추게 되면 색이 어두워지고, 전압을 높이면 색이 연하게 된다. RS 핀은 LCD 내의 저장공간에서 어디에 저장할 것인지를 결정한다. RW는 LCD의 값을 입력받는 것을 결정하는 핀이다. E는 LCD의 값을 출력할지를 결정하는 핀을 말한다. D0부터 D7까지는 라즈베리파이와 LCD와

신호를 주고받는 핀이다. A는 빛이 들어오게 하는 핀으로 전원과 연결하고 K는 밝기를 제어하는 핀이다.

번호	명칭	용도	번호	명칭	용도
1	VSS	GND 핀	9	DB2	데이터 입출력 핀
2	VCC	5V 전원 핀	10	DB3	데이터 입출력 핀
3	VEE	LCD 밝기 조절 핀	11	DB4	데이터 입출력 핀
4	RS	레지스터 선택 핀	12	DB5	데이터 입출력 핀
5	R/W	읽기, 쓰기 모드 선택 핀	13	DB6	데이터 입출력 핀
6	E	레지스터에 쓰기 위한 핀	14	DB7	데이터 입출력 핀
7	DB0	데이터 입출력 핀	15	LED+	LED 5V 전원 핀
8	DB1	데이터 입출력 핀	16	LED-	LED GND 핀

LCD 1602의 핀 구성은 GND, VCC, SDA, SCL로 구성되어 있다.

3) LCD의 장단점

(1) 장점

① 소비전력이 적다. 즉 적은 소비전력으로 동작을 할 수 있다.
② 낮은 전압으로 동작을 할 수 있다.
③ 소자가 얇다.
④ 색상을 표현하기 쉽다.
⑤ 대화면 표시가 가능하다.
⑥ 투사 확대 표시가 가능하다.
⑦ 휴대폰 등에 많이 사용된다.

(2) 단점

① 비 발광형이다.
② 시야각에 제한을 많이 받는다.
③ 낮은 온도(−30° ~ −40°)에서 동작이 다소 어렵다.

2 LCD I2C 실습

1) 실습 내용

LCD 1602의 V_{cc}는 GPIO의 5[V]에 연결하고, LCD 1602의 GND는 GPIO의 Ground에 연결하고, LCD 1602의 SDA는 GPIO 2번에 연결, LCD 1602의 SCL은 GPIO 3번에 연결하여 파이썬 프로그램을 이용하여 설계하고 실습한다.

특히 LCD 1602 사용 시에는 V_{cc}는 5V에 연결하며, Gnd는 Ground에 연결한다.

2) I2C를 사용하기 위해서 라즈베리파이 4의 설정에서 I2C를 활성화하는 방법

(1) GUI(그래픽 사용자 인터페이스)를 사용하여 I2C를 활성화하는 방법

① 블루베리 아이콘에서 preferences에서 Raspberry Pi Configuration을 클릭한다.

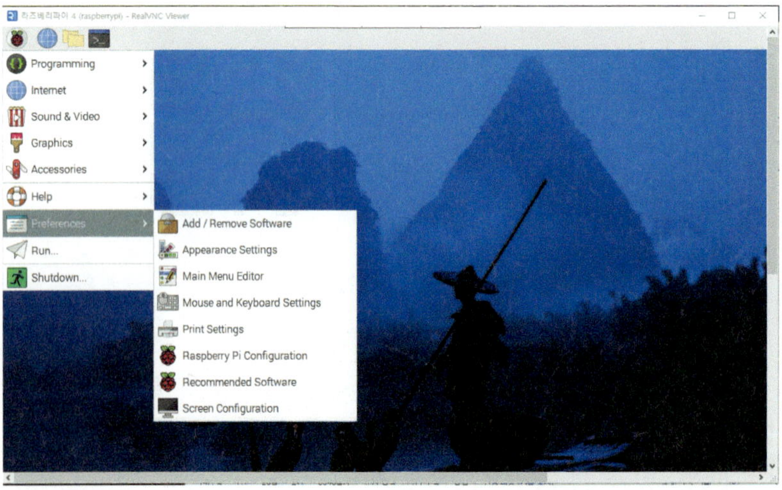

② Interfaces 탭을 클릭하고 I2C에서 Enable를 선택하고 OK를 클릭한다.

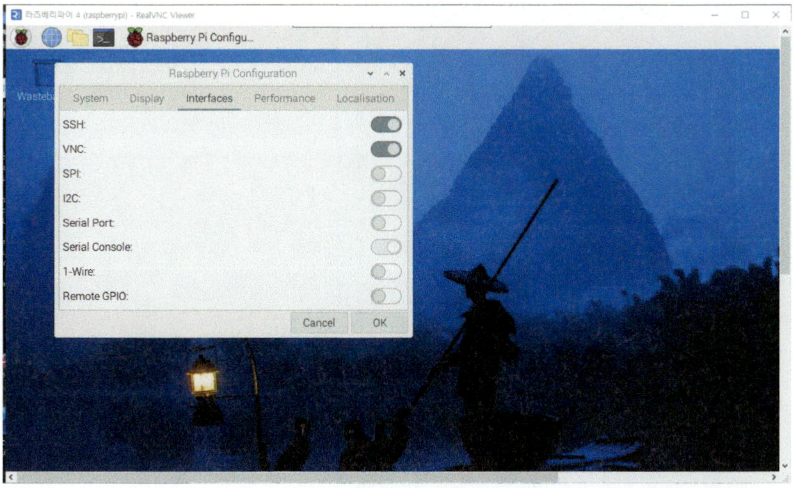

③ Enable로 설정이 되면 활성화가 된 것이다.

(2) Raspberry Pi Terminal에서 명령문을 이용하는 방법

① pi@raspberrypi:~ $에 sudo raspi-config 입력 후 Enter 하면 다음과 같은 화면이 나타난다.

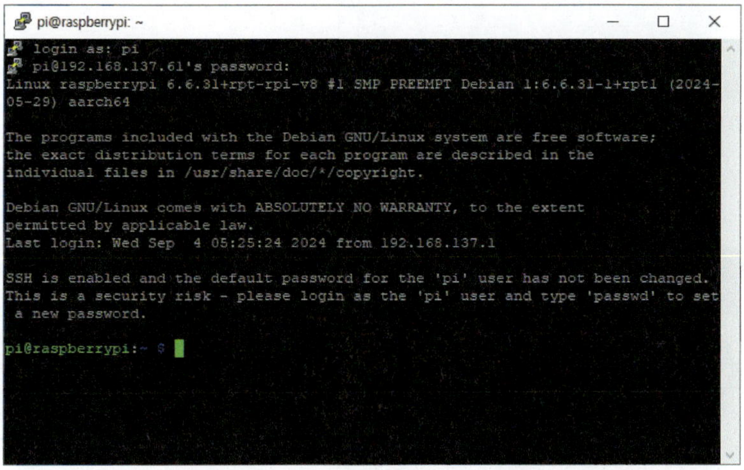

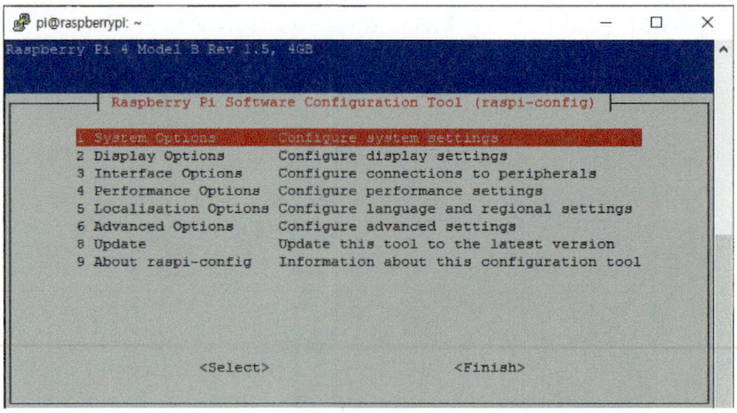

② 3번 Interface Options를 클릭한다.

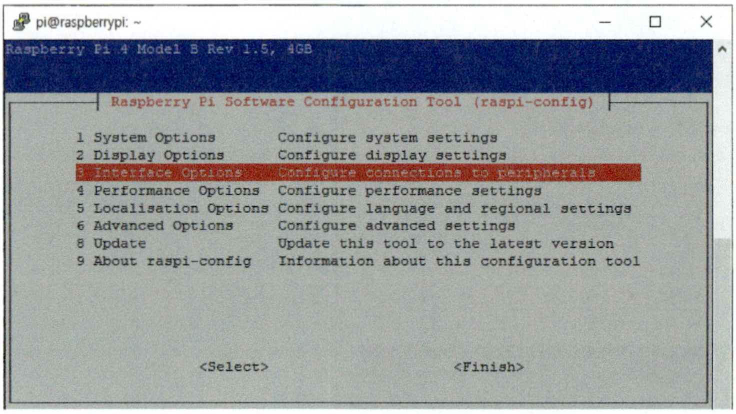

③ I5 I2C를 클릭하고 Yes를 선택하고 Enter 한다.

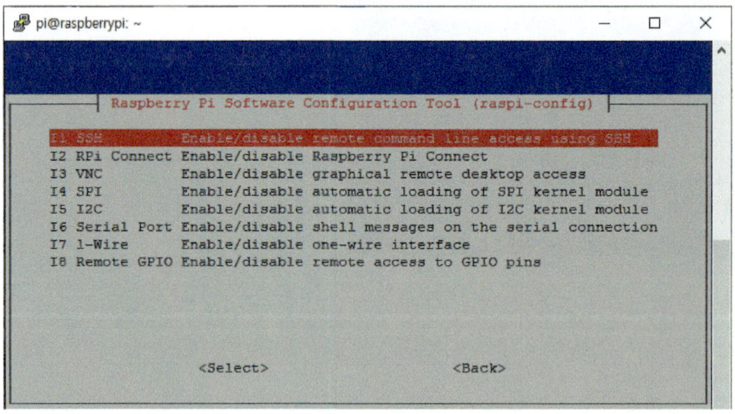

④ 재부팅을 한다. 재부팅이 끝나면 I2C가 활성화가 된 것이다.

3) I2C를 사용하기 위하여 다음 두 가지를 설치하여야 한다.

(1) i2c–bcm2835, i2c–bcm2708, i2cdev 설치

① Raspberry Pi Terminal을 클릭한다. pi@raspberrypi:~ $에 sudo apt-get install –y i2c-tools python3-smbus를 입력하고 Enter 한다.

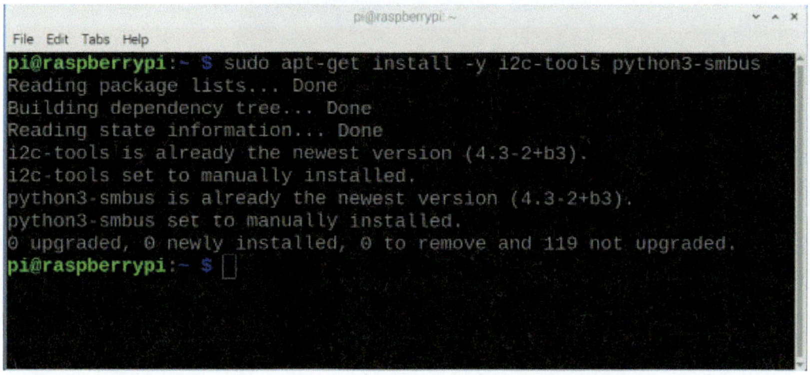

② I2C 모듈 확인한다. 따라서 pi@raspberrypi:~ $에 lsmod | grep i2c_

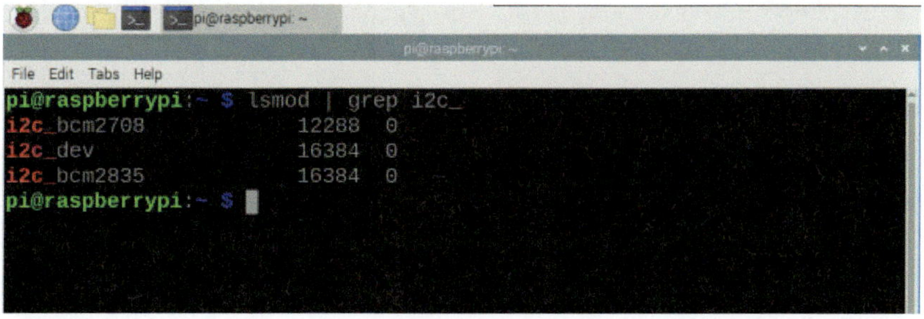

③ pi@raspberrypi:~ $에 lsmod | grep i2c_을 실행하였다. 그런데 실행 결과에서 i2c-bcm2835, i2c-bcm2708, i2c-dev가 나오지 않으면 추가를 다음과 같이 한다.

pi@raspberrypi:~ $에 sudo l nano /etc/modules를 입력하고 Enter 한다. 여기서 i2c-bcm2835, i2c-bcm2708, i2c-dev 추가한다.

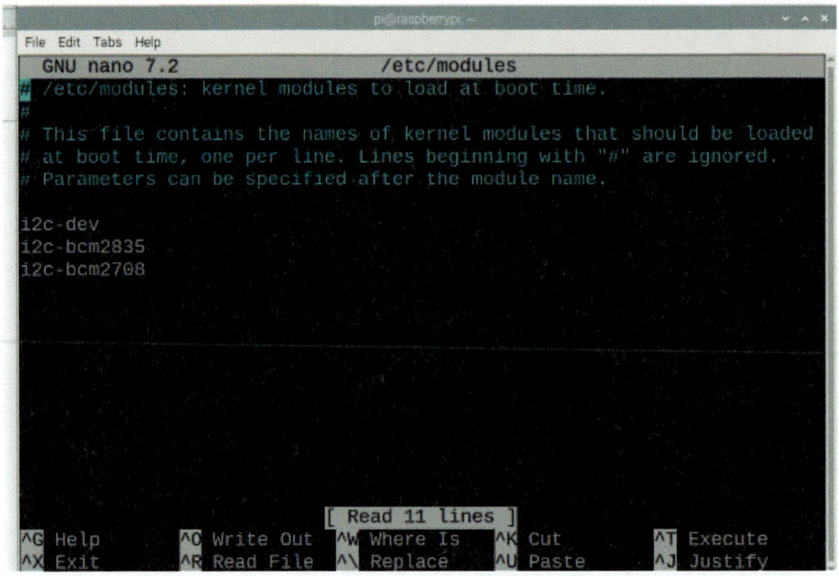

추가한 다음 Control+X(종료) 누른다. 눌러서 저장하고 Enter 한다.

Enter 한후 확인하면 i2c-bcm2835, i2c-bcm2708, i2c-dev이 추가가 되어있는 것을 알 수 있다.

④ 종료 후에는 반드시 재부팅을 한다.

pi@raspberrypi:~ $에 sudo reboot

(2) I2C 테스트

① I2C 버스 스캔하기 위해서 터미널 창 pi@raspberrypi:~ $에 sudo i2cdetect –y 1을 입력하고 Enter 한다.

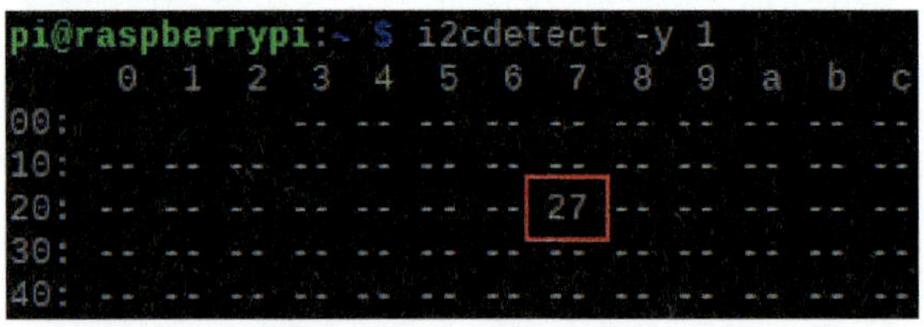

Enter 한 다음 확인하면 차에 나타난 것과 같이 LCD와 라즈베리 파이가 연결된 것은 다음의 주소를 보면 알 수 있다. LCD의 주소는 Ox27이다.

② 파이썬 스트립 만들기

파이썬 스트립을 만드는 이유는 LCD 디스플레이를 실행하기 위해서이다. 그리고 LCD 디스플레이를 실행하기 위해서 LCD 라이브러리를 설치한다.

터미널 창 pi@raspberrypi:~ $에 git clone https://gist.github.com/DenisFromHR/cc863375a6e19dce359d을 입력하고 Enter 한다.

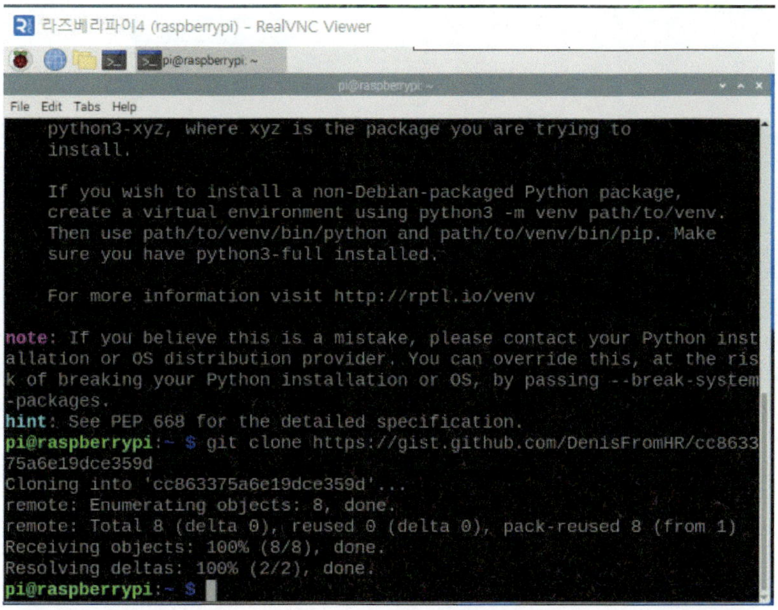

4) 준비물

(1) 라즈베리파이 4와 GPIO

(2) Bread Board 실습용

(3) Bread Board에 사용되는 연결선

(4) LCD 1602

(5) 디지털 오실로스코프

(6) 라즈베리파이 4에 사용되는 전원

(7) 회로 시험기

5) 회로 구성도

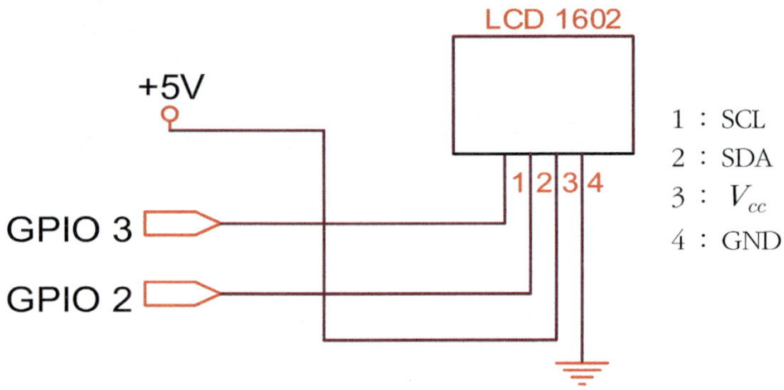

(GPIO에 연결된 회로도)

6) 파이썬 코드

```
from RPLCD.i2c import CharLCD
import time

# I2C LCD 설정
lcd = CharLCD(i2c_expander='PCF8574', address=0x 27 , port=1 , cols=16 , rows=2 )

# 화면에 출력할 텍스트
lcd.clear()  # LCD 화면 초기화
lcd.write_string("HELLO")
```

```

# 잠시 대기 (3초)
time.sleep(3 )

# 프로그램 종료
lcd.clear()
```

7) 동작 설명

LCD 1602의 SDA는 GPIO 2번에 연결, LCD 1602의 SCL은 GPIO 3번에 연결, LCD 1602의 V_{cc}는 GPIO의 5[V]에 연결하고, LCD 1602의 GND는 GPIO의 Ground에 연결한다.

실습 시 LCD가 동작이 안 되는 경우가 발생한다. 이때 그 이유를 살펴보고 다음과 같이 수정한다.

① 프로그램에 에러가 발생한 경우 ⇨ 해당 프로그램을 수정한다.
② LCD의 불량 ⇨ LCD를 교체한다.
③ LCD의 연결상태를 볼 수 있다. ⇨ LCD 1602에서 V_{cc}, GND, SDA, Gnd, SCL 연결을 확인한다. 특히 LCD 1602에서 V_{cc}는 반드시 5[V]에 연결한다.
LCD 1602에서 V_{cc}를 3.3[V]에 연결하는 경우가 많이 발생한다.

CHAPTER

07

GPIO를 이용한 JOYSTICK 제어

RaspberryPi

1 Joystick

Joystick은 사각형으로 만들어져 있으며 두 개의 전위차계(조이스틱 축은 X축(좌, 우)과 Y축(상, 하)으로 구성되어 측정한다.)와 하나의 푸시 버튼 스위치로 구성되어 있다. 범위는 X축(좌, 우)은 0~1023 범위의 Analog 값이고 Y축(상, 하)도 0~1023 범위의 Analog 값을 나타내고 푸시 버튼 스위치는 High와 LOW로 나타내는 디지털 값을 나타낸다. 조이스틱은 X축과 Y축에 두 개의 회전 나사가 존재하며, 두 개의 회전 나사가 가변저항의 역할을 한다. 따라서 조이스틱을 움직이면 X축과 Y축의 회전 나사의 위치가 변하는 것을 알 수 있다. 이 위치의 변하는 것은 저항이 변하는 것이다. 즉 저항이 변하면 전압이 변하게 되어 읽어 들이는 데이터 값도 변한다. Joystick은 누르면서 사용할 수 있다.

1) Joystick Pin

(1) Joystick 모양과 Pin 명칭

① Joystick 모양

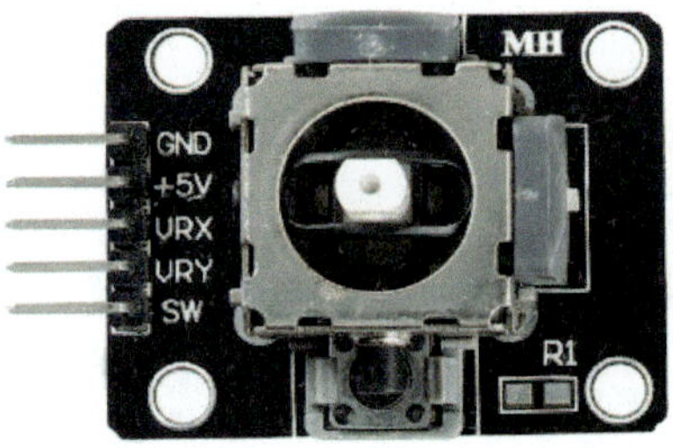

② Joystick Pin 명칭

- GND : GND는 Ground를 말한다.
- +5V : +5V는 V_{cc}를 말하며 반드시 +5V에 연결해야 한다.
- VRX : X축(좌, 우)을 나타내며 0~1023 범위의 Analog 값을 출력한다.
- VRY : X축(좌, 우)을 나타내며 0~1023 범위의 Analog 값을 출력한다.
- SW : Joystick 푸시버튼 스위치에서 나오는 출력이다. 푸시버튼 스위치는 OFF 상태에서 조작하면 ON 상태로 변한다. 즉 푸시버튼 스위치를 누르면 LOW가 되고 누르지 않으면 High가 된다.

(2) Joystick의 동작 원리

Joystick을 왼쪽에서 오른쪽으로 움직이면 전압이 0[V]에서 5[V]까지 변한다.

그 이유는 Joystick 왼쪽이 0[V]이고, 오른쪽이 5[V]이기 때문이다. 그리고 Joystick을 위에서 아래로 움직이면 전압이 0[V]에서 5[V]까지 변한다. 그 이유는 Joystick 위가 0[V]이고, 아래가 5[V]이기 때문이다.

Joystick은 X축(좌, 우)과 Y축(상, 하)의 범위는 0~1023 범위의 Analog 값으로 출력한다.

(3) Joystick 종류

① 아날로그 조이스틱
② 디지털 조이스틱
③ 비행 스틱
④ 게임 패드 스타일 조이스틱

(4) Joystick의 구성

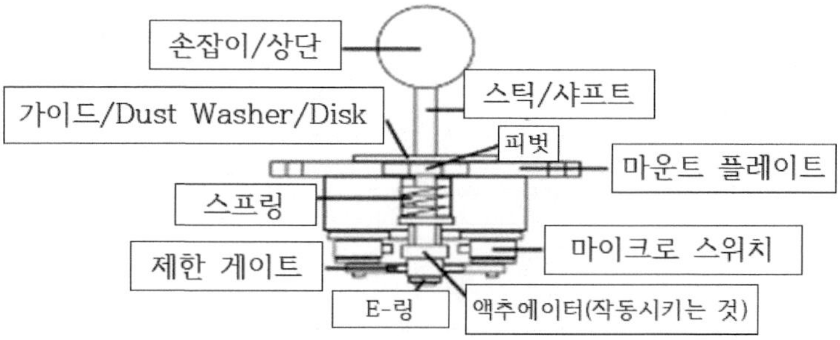

(5) Joystick의 장점

① 정밀한 제어가 가능하다.
② 장시간 사용으로 부담을 줄여 줌으로 인체공학적이다.
③ Joystick은 상, 하, 좌, 우로 동시에 움직이므로 여러 방향의 입력이 가능하다.
④ Joystick은 아날로그 입력을 제공한다.
⑤ 내구성을 가지므로 신뢰도가 높다.
⑥ 로봇공학, CAD 등에 사용할 수 있다.

2 Joystick 실습

1) 실습 내용

X축은 GPIO 27번, Y축은 GPIO 26번, 버튼은 GPIO 17번에 연결한다. 특히 Joystick 사용 시에는 $+5[V]$는 5V에 연결하고, Gnd는 Ground에 연결한다.

Joystick을 상, 하, 좌, 우로 움직일 때는 ADC인 MCP3008을 사용하여 SPI 통신을 통하여 정보(0~1023 사이의 값을 전달)를 받는다. MCP3008은 8개 채널의 아날로그 센서이며, 구동 전압은 2.7~5[V]이다. 특히 센서로부터 MCP3008을 연결 시 구동 전압을 주의해서 사용해야 한다. MCP3008은 SPI 서버를 통하여 통신하는 방법은 하드웨어적인 방법과 소프트웨어적인 방법이 있다. 하드웨어 방식은 속도가 빠르며 핀 사용은 제한이 있다. 저항은 $\frac{1}{4}[Watt]$용을 사용한다. 이 실험은 8채널 대신 4채널 ADS1115(라즈베리용 4채널 16비트 ADC 보드)를 사용한다.

2) MCP3008 데이터 시트

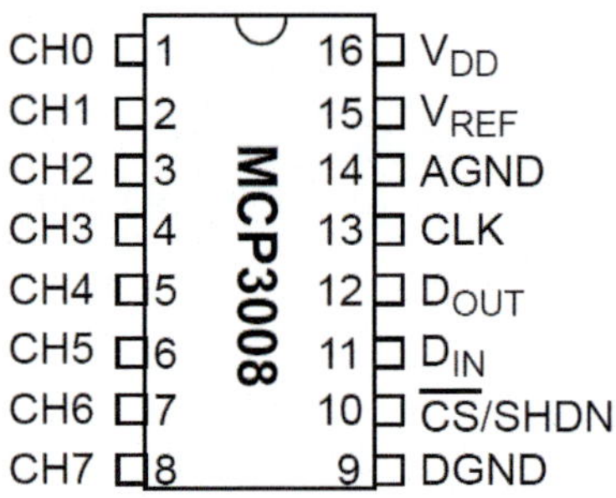

핀 번호	Symbol	설명
1	CH0	Analog Input 1
2	CH1	Analog Input 2
3	CH2	Analog Input 3
4	CH3	Analog Input 4
5	CH4	Analog Input 5
6	CH5	Analog Input 6
7	CH6	Analog Input 6
8	CH7	Analog Input 7
9	DGND	Digital Ground 8
10	$\overline{CS}/SHDN$	Chip Select/Shutdown Input

11	DIN	Serial Data In
12	DOUT	Serial Data Out
13	CLK	Serial Clock
14	AGND	Analog Ground
15	VREF	Reference Voltage Input
16	VDD	+2.7V to 5.5V Power Supply

3) ADS1151 데이터 시트

(프로그램이 가능한 ADS1151 모듈)

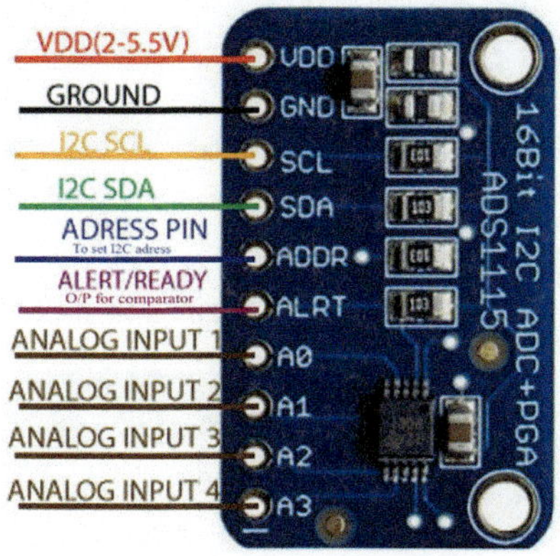

(ADS1151 모듈 핀 아웃)

핀 유형	설명
VDD	+2.7V to 5.5V
GND	Ground
SCL	I2C SCL
SDA	I2C SDA
ADDR	주소 핀
ALRT	알림/준비
A0	아날로그 입력1
A1	아날로그 입력2
A2	아날로그 입력3
A3	아날로그 입력4

4) SPI 설정

하드웨어에서 SPI를 사용하기 SPI 설정하여야 한다.

① Raspberry Pi Terminal을 클릭한다.

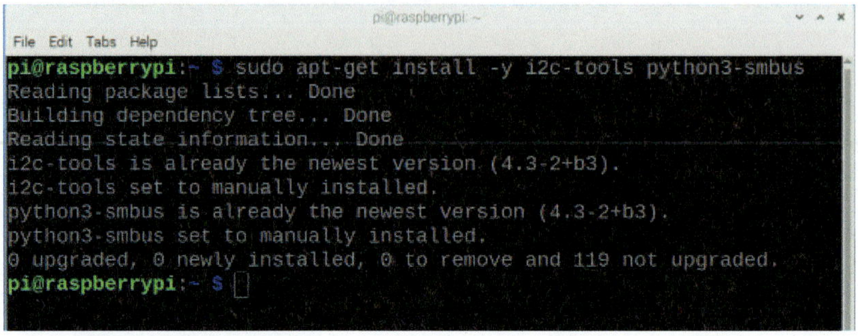

② pi@raspberrypi:~ $에 sudo raspi-config 입력 후 Enter 하면 다음과 같은 화면이 나타난다.

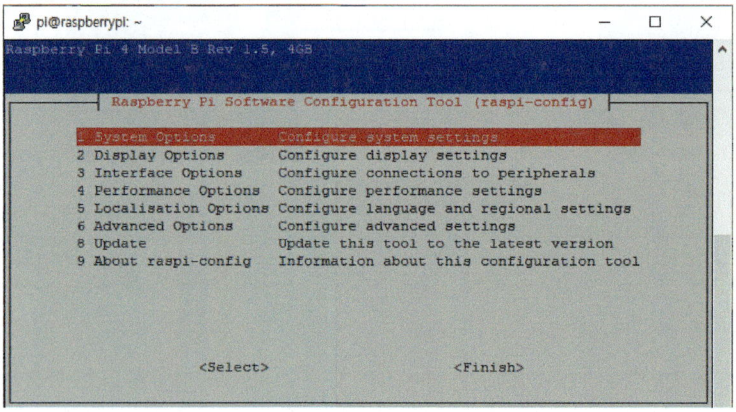

③ 3번 Interface Options를 클릭한다.

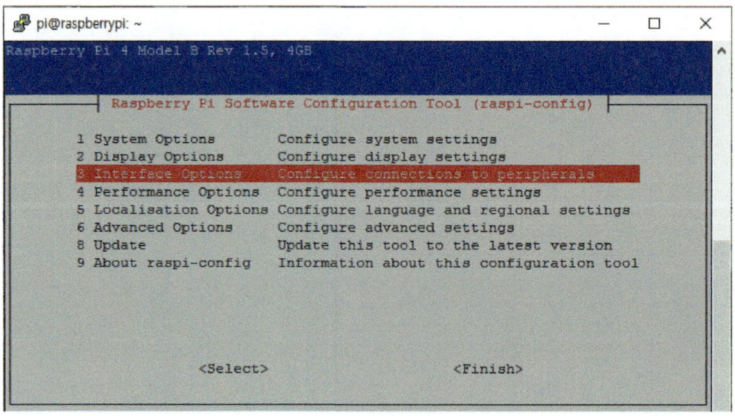

④ I4 SPI를 클릭한다.

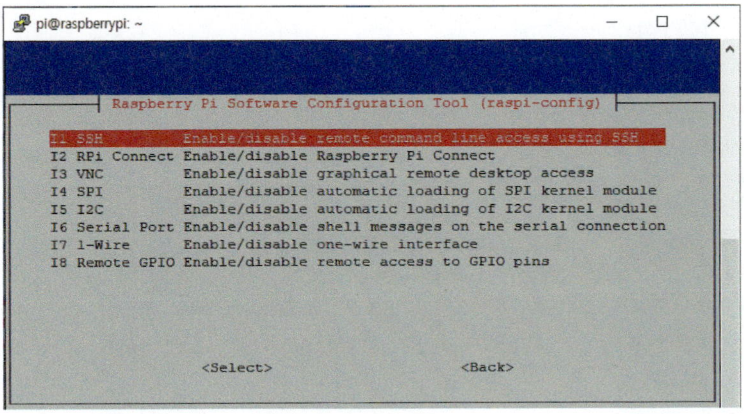

⑤ Enable을 선택하고 Yes 한다.

5) 준비물

(1) 라즈베리파이 4와 GPIO

(2) Bread Board 실습용

(3) Bread Board에 사용되는 연결선

(4) Joystick 모듈(KY-023)

(5) ADS1115(라즈베리용 4채널 16비트 ADC 보드)

(6) 저항 220[Ω] $\frac{1}{4}[Watt]$

(7) 디지털 오실로스코프

(8) 라즈베리파이 4에 사용되는 전원

(9) 회로 시험기

6) 회로 구성도

(1) 라즈베리파이와 Joystick의 연결

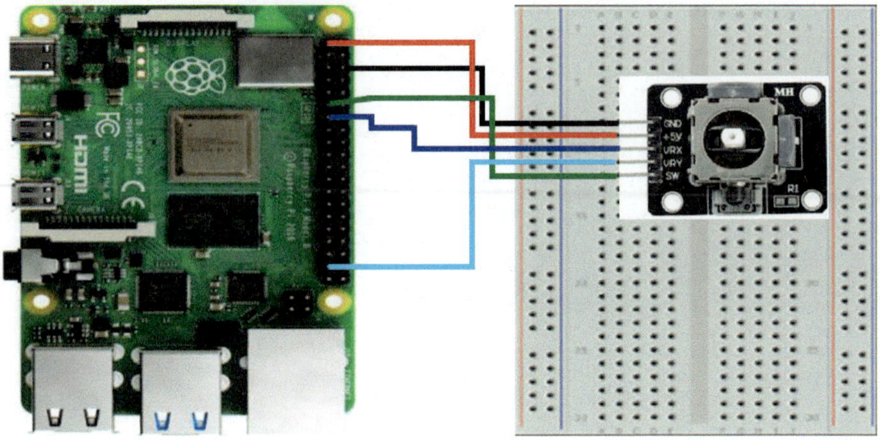

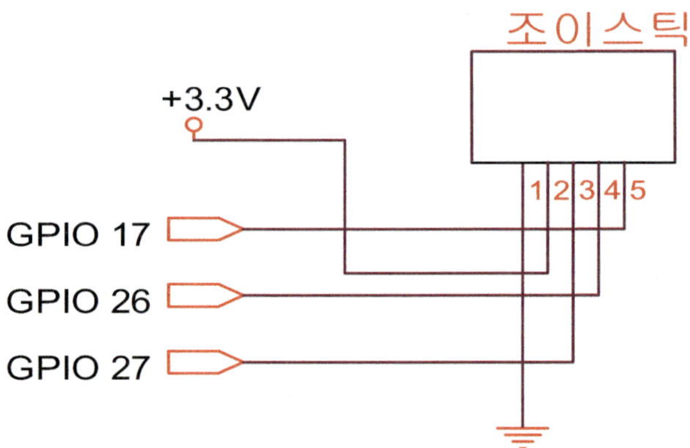

(GPIO에 연결된 회로도)

(2) 라즈베리파이와 ADS1115, Joystick 연결

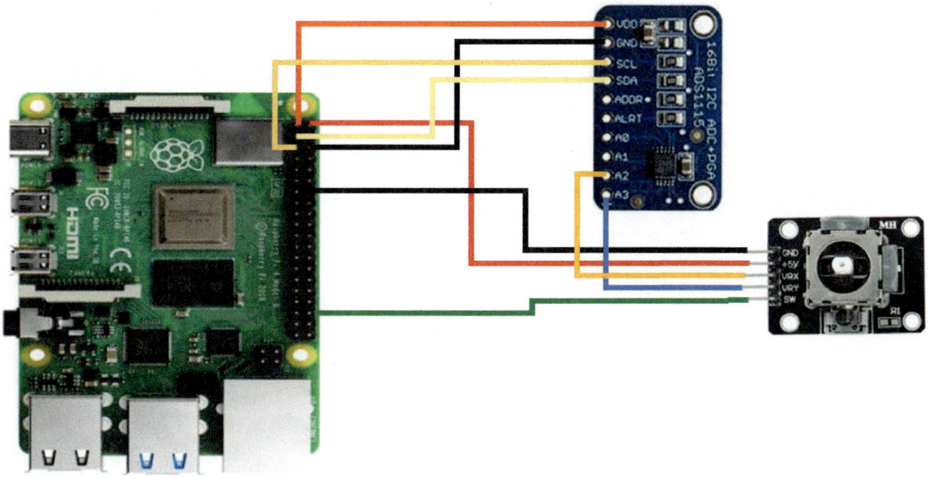

7) 파이썬 코드

```python
import RPi.GPIO as GPIO
import time

# GPIO 설정
GPIO.setmode(GPIO.BCM)

# 핀 설정
xAxis_pin = 27  # 예시 핀 번호
yAxis_pin = 26
button_pin = 17
GPIO.setup(xAxis_pin, GPIO.IN)
GPIO.setup(yAxis_pin, GPIO.IN)
GPIO.setup(button_pin, GPIO.IN, pull_up_down=GPIO.PUD_UP)

# 기준값 설정 (0-1 범위의 값에 대한 예시)
X_CENTER = 0.5  # X축 중앙 값 (0과 1 사이)
Y_CENTER = 0.5  # Y축 중앙 값 (0과 1 사이)
SENSITIVITY = 0.2  # 민감도 (기준값에서 얼마나 차이가 나면 방향을 변경할지 결정)

```

```python
# 메인 루프
while True :
    xValue = GPIO.input(xAxis_pin)  # X축 값
    yValue = GPIO.input(yAxis_pin)  # Y축 값
    buttonValue = GPIO.input(button_pin)  # 버튼 상태

    # X축 방향 (좌/우)
    if xValue >X_CENTER + SENSITIVITY:
        xDirection = "오른쪽"
    elif xValue <X_CENTER - SENSITIVITY:
        xDirection = "왼쪽"
    else :
        xDirection = "Center"

    # Y축 방향 (상/하)
    if yValue >Y_CENTER + SENSITIVITY:
        yDirection = "위"
    elif yValue <Y_CENTER - SENSITIVITY:
        yDirection = "아래"
    else :
        yDirection = "Center"

    # 버튼 상태축
    if buttonValue == GPIO.LOW:
        buttonStatus = "pressed"
    else :
        buttonStatus = "not pressed"

    # 출력
    print(f "X축: {xDirection}, Y축.: {yDirection}, 버튼: {buttonStatus}")

    time.sleep(0.2 )
```

8) 동작 설명

X축은 GPIO 27번, Y축은 GPIO 26번, 버튼은 GPIO 17번에 연결한다. 특히 Joystick 사용 시에는 +3.3[V], 5[V]가 가능하며, Gnd는 Ground에 연결한다.

실습 시 Joystick이 동작이 안 되는 경우가 발생한다. 이때 그 이유를 살펴보고 다음과 같이 수정한다.

① 프로그램에 에러가 발생한 경우 ⇨ 해당 프로그램을 수정한다.
② Joystick의 불량 ⇨ 조이스틱을 교체한다.
③ Joystick의 연결상태를 볼 수 있다. ⇨ 조이스틱에서 V_{cc}, GND, X축, Y축, 버튼 연결을 확인한다. Joystick에서 V_{cc}는 3.3[V] 또는 5[V]에 연결한다.

9) Floating 현상

Floating(Floating : 부유하다. 떠 있다. 유동적인 등의 뜻이다.) 상태는 디지털에서 이것이 무엇인지 알 수 없는 상태를 나타낸다. 즉 프로팅 현상은 0 또는 LOW, 1 또는 High가 아닌 상태를 말한다. 따라서 플로팅 현상을 방지하기 위해서 Low와 High 사이에 저항을 사용한다. 여기에 사용되는 저항을 Full Up 저항, Full Down 저항이라고 한다.

(1) Full Up 저항

High에 저항을 사용하며 이 저항을 Full Up 저항이라 한다.

① Switch가 개방된 경우

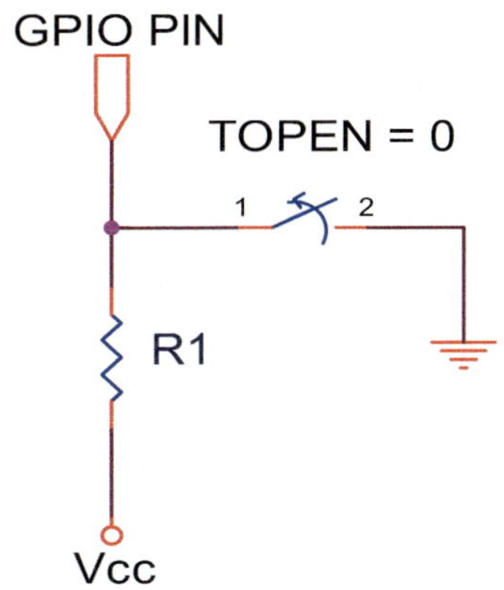

스위치가 개방된 상태가 되어 GPIO PIN에는 Vcc=1(High)이 된다.
즉 GPIO PIN=1(High)이다.

② Switch가 단락된 경우

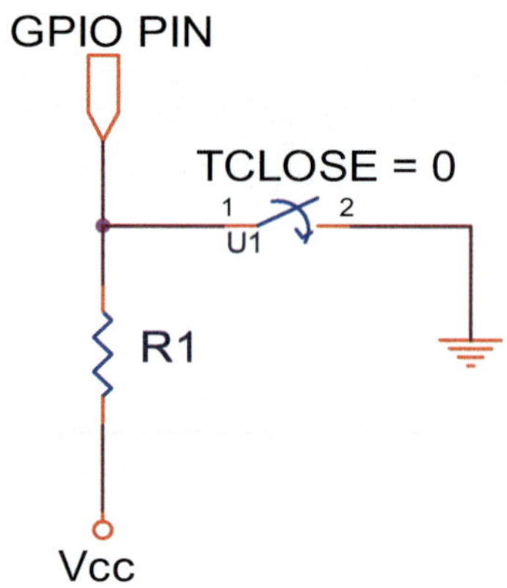

스위치가 단락된 상태가 되어 GPIO PIN에는 Gnd=0(Low)이 된다. 즉 GPIO PIN=0(Low)이다.

(2) Full Down 저항

Ground에 저항을 사용하며 이 저항을 Full Down 저항이라 한다.

① Switch가 개방된 경우

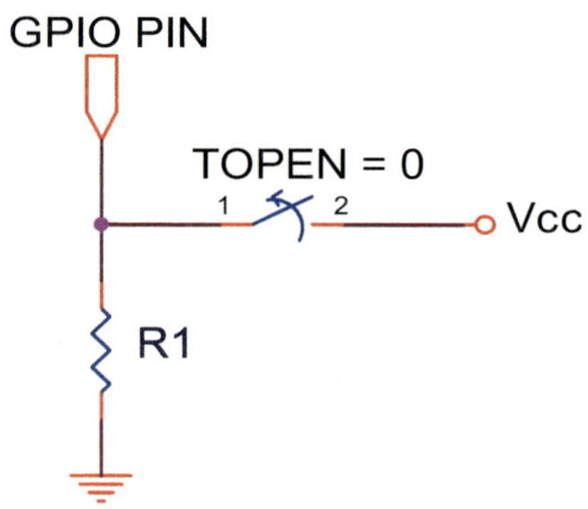

스위치가 개방된 상태가 되어 GPIO PIN에는 Gnd=0(Low)이 된다. 즉 GPIO PIN=0(Low)이다.

② Switch가 단락된 경우

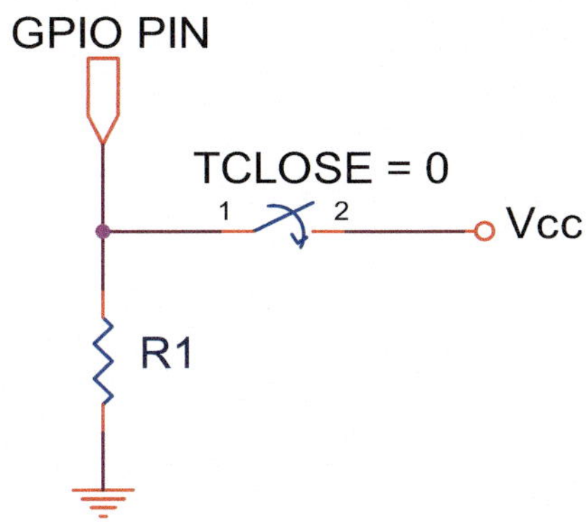

스위치가 단락된 상태가 되어 GPIO PIN에는 Vcc=1(High)이 된다. 즉 GPIO PIN=1(High)이다.

[예제]

다음의 회로 구성도를 보면 라즈베리파이와 ADS1115, Joystick 연결하였다. ADS1115에서 SLC, SDA와 Joystick의 스위치는 라즈베리파이의 GPIO를 설정한 것이다. 파이썬 프로그램을 완성하시오.

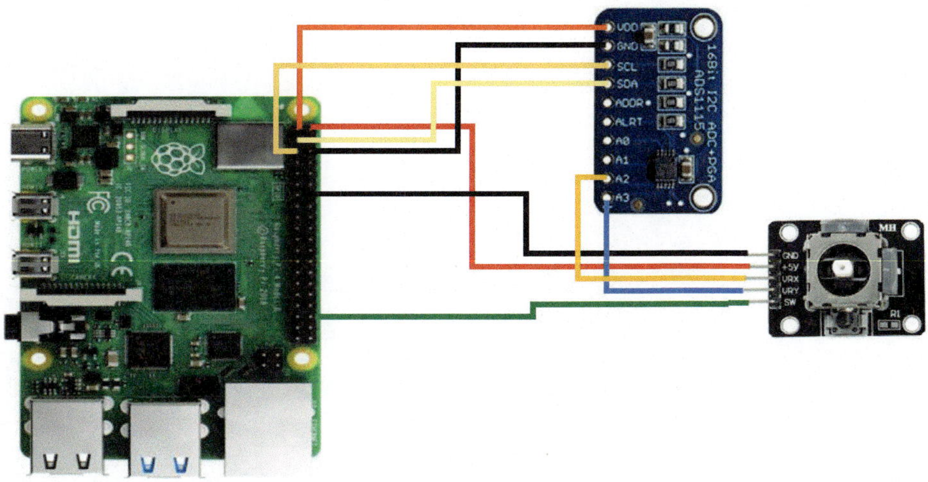

CHAPTER

08

GPIO를 이용한 Dot. Matrix 제어

RaspberryPi

1 8-Digit LED DRIVE Dot. Matrix(Max 7219)

8-Digit LED DRIVE Max 7219를 사용한 가로, 세로 8칸으로 총 64개의 점(Dot.)으로 구성된 8×8 Dot. Matrix Display Module이다. 이것을 이용하여 문자, 숫자, 기호 등을 출력으로 나타낼 수 있으며 확장성이 좋다. 문자열을 상, 하, 좌, 우로 설정할 수 있다. 8×8 Dot. Matrix를 사용할 때에는 GPIO를 사용하지 않고 SPI(직렬 통신용 핀)를 활용한다. 즉 라즈베리 파이 GPIO 핀에서 GPIO 7, 8, 9, 10, 11번 핀은 인터페이스 설정에 따라 GPIO 대신 SPI_로 사용할 수 있다. CE는 칩셋 설정에 사용하고, SCLK는 Clock을 설정한다. MOSI는 Master Output Slave Input이고 MISO는 Master Input Slave Output이다.

1) Max 7219 DRIVE IC가 포함된 8×8 Dot. Matrix Display Module의 구성

1. Vcc : DC 5[V] 전압
2. GND : Ground
3. DIN : 데이터 입력
4. CS : 칩 선택
5. CLK : Clock
6. Vcc : DC 5[V] 전압
7. GND : Ground
8. DOUT : 데이터 출력
9. CS : 칩 선택
10. CLK : Clock

2) 기능과 사양

- 입력 전압 : DC 5[V]
- 최대 동작 전류 : DC 320[mA]
- 각 세그먼트 또는 LED가 ON일 때 순방향 전압 : 1.5~2.0[V]
- 각 세그먼트 또는 LED가 ON 했을 때 순방향 전류 : 10~15[mA]
- 최대 동작 온도 : $-25^0 \sim +60^0$

3) 특징

- 직렬 인터페이스 제어가 가능하다.
- 개별 LED 제어를 할 수 있다.
- 밝기 조절을 프로그램으로 할 수 있다.
- 소비전력이 낮다.
- 통신 데이터의 오류를 자동으로 감지하고 정정하므로 안정적이다.
- 다른 프로젝트에도 사용할 수 있다.

2 8-Digit LED DRIVE Dot. Matrix(Max 7219) 실습

1) 실습 내용

Dot. Matrix(Max 7219) Vcc는 라즈베리파이 DC 3.3[V]에 연결하고, Gnd는 라즈베리파이 Gnd에 연결한다. DIN은 SPI0_MOSI(GPIO 10)에 연결하고, CS는 SPI0_CS0(GPIO 8)에 연결하고, CLK는 SPI0_CLK(GPIO 11)에 연결한다.

출력은 width=32, height=8, block_orientation=-90으로 하고 Dot. Matrix (Max 7219)에는 "Hello World!"가 나타난다.

2) SPI 설정

하드웨어에서 SPI를 사용하기 SPI 설정하여야 한다.

① Raspberry Pi Terminal을 클릭한다.

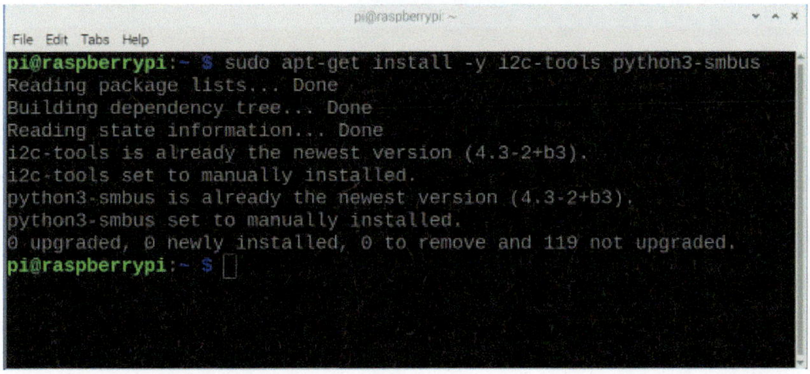

② pi@raspberrypi:~ $에 sudo raspi-config 입력 후 Enter 하면 다음과 같은 화면이 나타난다.

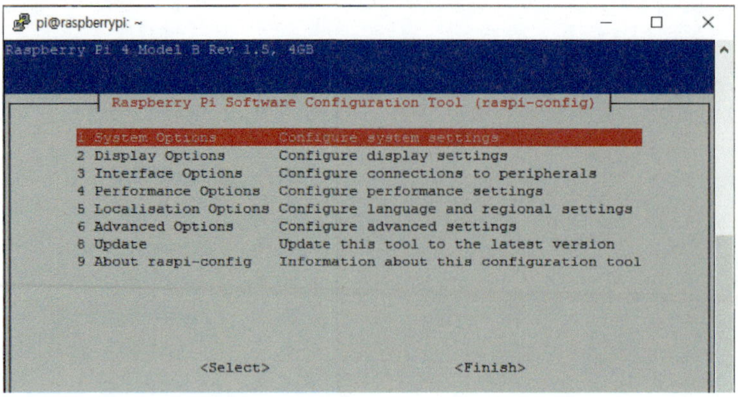

③ 3번 Interface Options를 클릭한다.

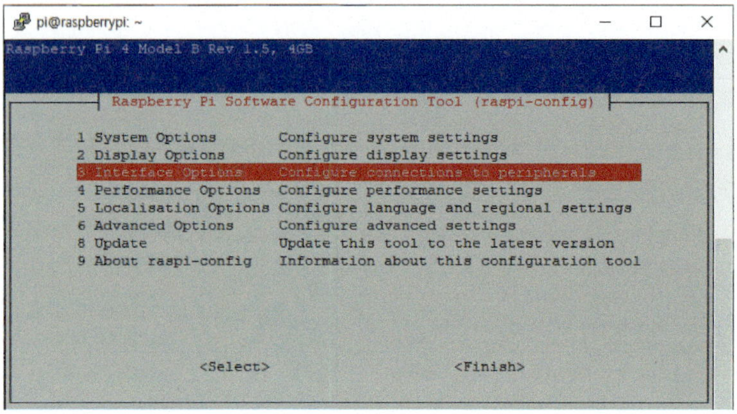

④ I4 SPI를 클릭한다.

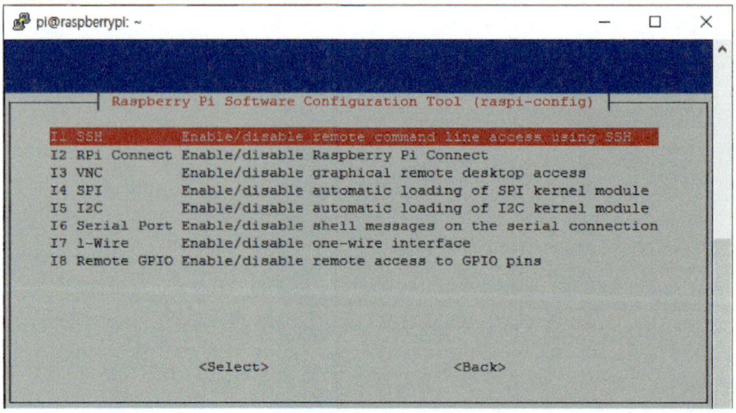

⑤ Enable을 선택하고 Yes 한다.

3) 준비물

(1) 라즈베리파이 4와 GPIO
(2) Bread Board 실습용
(3) Bread Board에 사용되는 연결선
(4) Dot. Matrix(Max 7219)
(5) 디지털 오실로스코프
(6) 라즈베리파이 4에 사용되는 전원
(7) 회로 시험기

4) 회로 구성도

(1) 라즈베리파이와 Dot. Matrix(Max 7219)의 연결

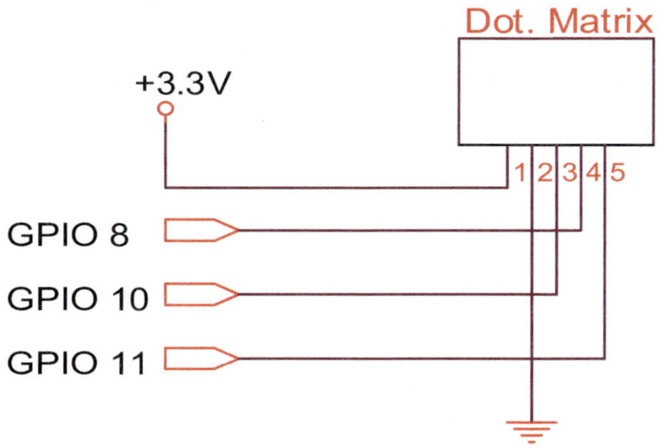

(GPIO에 연결된 회로도)

5) 파이썬 코드

```python
import RPi.GPIO as GPIO
# 시간을 다루기 위한 sleep 모듈
from time import sleep
# LED 매트릭스 관련 모듈 임포트
from luma.core.interface.serial import spi, noop
from luma.core.render import canvas
from luma.led_matrix.device import max7219
from luma.core.legacy import text
from luma.core.legacy.font import proportional, CP437_FONT

# LED 매트릭스 초기화 함수
def init_led_matrix():
    # SPI 인터페이스 설정 및 LED 매트릭스 장치 초기화
    # SPI 포트 및 장치 설정
    serial = spi(port=0 , device=0 , gpio=noop())
    # MAX7219 장치 초기화
    device = max7219(serial, width=32 , height=8 , block_orientation=-90 )
    device.contrast(5 )  # 대비 설정
    return device  # 초기화된 LED 매트릭스 장치 반환

# "Hello World!" 텍스트를 LED 매트릭스에 스크롤 방식으로 표시하는 함수
def display_text(device):
    text_to_display = "Hello World!"  # 표시할 텍스트
    font = proportional(CP437_FONT)  # 텍스트에 사용할 폰트
    text_width = len(text_to_display) * 6  # 각 문자당 폭이 6픽셀이라고 가정
    screen_width = device.width  # LED 매트릭스 화면의 가로 크기
    position = screen_width  # 텍스트 시작 위치 (오른쪽 끝에서 시작)

    try :
        while True :
        # 화면을 갱신하며 텍스트를 이동시킨다
        with canvas(device) as draw:
            text(draw, (position, 0 ), text_to_display, fill="white", font=font)

        # 텍스트의 위치를 계속 왼쪽으로 이동
```

```
            position -= 1
            # 텍스트가 완전히 화면 밖으로 나갔을 때 다시 오른쪽 끝으로 이동
            if position + text_width <0 :
                position = screen_width
            sleep(0.15 )  # 0.1초 간격으로 텍스트 갱신 (스크롤 속도 조정)

    except KeyboardInterrupt:
        # KeyboardInterrupt 발생 시 GPIO 리소스 정리
        GPIO.cleanup()

# 메인 함수
def main():
    # LED 매트릭스 초기화
    device = init_led_matrix()
    # 텍스트 스크롤 표시
    display_text(device)

# 진입점 확인
if __name__ == "__main__":
    main()
```

6) 동작 설명

Dot. Matrix의 Vcc는 +3.3[V] 연결하고, Gnd는 Ground에 연결한다.

실습 시 Dot. Matrix가 동작이 안 되는 경우가 발생한다. 이때 그 이유를 살펴보고 다음과 같이 수정한다.

① 프로그램에 에러가 발생한 경우 ⇨ 해당 프로그램을 수정한다.
② Dot. Matrix의 불량 ⇨ Dot. Matrix을 교체한다.
③ Dot. Matrix의 연결상태를 볼 수 있다. ⇨ Dot. Matrix에서 V_{cc}, GND, DIN은 SPI0_MOSI(GPIO 10)에 연결, CS는 SPI0_CS0(GPIO 8)에 연결, CLK는 SPI0_CLK(GPIO 11)에 연결을 확인한다.

저자와의
협의에 의해
인지 생략

기초부터 함께 하는

라즈베리파이 4

1판 1쇄 2025년 3월 10일

저 자 한기동 / 김강현
발행인 송광헌
발행처 도서출판 복두(더)
주 소 서울특별시 영등포구 경인로82길 3-4
센터플러스 807호
(우) 07371
전 화 02-2164-2580
F A X 02-2164-2584
등 록 1993. 11. 22. 제 10-902 호

정가 : 17,000원
ISBN : 979-11-6675-581-1 93560

한국과학기술출판협회 회원사